우리아이
건강기초
6세 전에 세워라

우리 아이 건강기초 6세 전에 세워라

초판 1쇄 발행 | 2008년 2월 5일
초판 3쇄 발행 | 2008년 3월 25일

지은이 | 김덕희
펴낸이 | 김선식
펴낸곳 | (주)다산북스

편집인 | 장석희
PD | 이선아
다산에듀 | 이선아 박은정
마케팅본부 | 유민우 곽유찬 신현숙 이도은 박고운
커뮤니케이션팀 | 우재오 서선행 강선애 한보라 임경원
저작권팀 | 이정순
디자인본부 | 강찬규 김희림 손지영 이동재
경영지원팀 | 방영배 허미희 김미현 이경진 고지훈
외주 스태프 | 구성작가 이미경 일러스트 변해정

주소 | 서울시 마포구 염리동 161-7번지 한청빌딩 6층
전화 | 02-702-1724(기획편집) 02-703-1723(마케팅) 02-704-1724(경영지원)
팩스 | 02-703-2219
e메일 | dasanbooks@hanmail.net
홈페이지 | www.dasanbooks.com
출판등록 | 2005년 12월 23일 제313-2005-00277호

표지 · 본문 출력 | 엔터
종이 | 한서지업
인쇄 · 제본 | 주식회사 현문

ISBN | 978-89-92555-80-7 (03370)

우리아이
건강기초
6세 전에 세워라

평생 건강 기초는,
6세 이전에 완성된다

'작게 낳아 크게 키워라'란 말이 있습니다. 체구가 작은 아이가 출산 때 수월하며, 또 체중이나 신장이 보통보다 작더라도 자라면서 정상으로 될 수 있다고 생각하기 때문입니다. 하지만 3~4세가 지나도 정상으로 되지 않으면 성인이 되어서도 저체중이나 저신장증이 될 가능성이 높습니다. 6세 이전의 건강이 100세 건강의 기초가 되는 것입니다.

실제 6세 이전에 뇌의 80%가 형성되고, 신체와 지능 발달도 70~80% 정도가 이루어집니다. 6세까지 신체적으로 가장 활발한 성장을 거듭하고 인지적, 정서적으로도 가장 왕성하게 발달하는 것입니다. 이때 적절한 영양공급을 해주지 않으면 신체적으로 성장할 수 없음은 물론 뇌가 정상적으로 발달할 수 없습니다. 6세 전후의 건강이 평생 건강의 밑거름이 되기 때문에 질병이 있으면 조기에 발견하고 치료하는 것이 중요합니다. 설령 지금 당장 질병이 없더라도 아이의 신체 및 정신 건강 상태를 확인하는 것이 필요합니다. 아이들의 유전 및 대사질환들도 출생시 나

타나는 경우도 많지만 늦게 나타나는 경우도 있어 세심한 관찰과 진단
이 필요한 것입니다.

아이들의 경우 6세 전후에서 건강검진을 받아야 합니다. 건강검진은
어른들의 암이나 성인질병의 조기발견을 위해서 필요하다고 생각하는
경향이 있는데, 아이들의 경우 건강검진은 질병 예방과 더불어 아이의
정신적, 육체적 발달 정도를 체크한다는 점에서 아주 중요합니다. 우리
아이가 정상적으로 두뇌가 발달하고 있는지, 정상적으로 사회성이 발달
하고 있는지, 정상적으로 키가 크고 있는지, 소아비만은 아닌지 등을 체
크해야 합니다.

요즘 엄마들을 보면 아이를 똑똑하게 키우는 방법에 대해서도 전문
가 못지않을 정도의 정보를 가지고 있지만, 아이를 건강하게 키우는 방
법에 대해서는 무엇을 어떻게 챙겨야 하는지 알지 못하는 경우가 많습
니다. 그러다보니 우리 아이들이 심각한 질병에 오랫동안 노출되어 고
생하고 있음에도 불구하고 뒤늦게 발견되는 경우가 많습니다. 병원을
방문하는 아이들 중에는 키가 자라지 않는 아이, 아토피 피부염이나 비
염에 걸린 아이, 비만으로 여러 성인병에 노출된 아이, 말이 늦어서 오는
아이, 자폐증이 있는 아이에 이르기까지 다양합니다. 조금만 고삐를 늦

추어도 반갑지 않은 손님처럼 불쑥불쑥 찾아오는 소아 질병은 예외가 없으며, 아이 엄마들의 가슴을 후벼 파며 아프게 만듭니다. 자식을 생각하는 엄마의 마음은 비슷하지만 무지해서 아이를 고생시킨 것 같아 죄책감이 드는 한편, 좀 더 일찍 아이 건강에 관심을 가질걸 하는 후회하는 마음이 드는 것은 당연합니다. 그럼 아이의 건강을 챙기기 가장 좋은 시기는 언제일까요? 아이가 자라는 동안 계속 관심을 갖고 지켜봐야 하지만, 일생에서 가장 역동적인 변화가 이루어지는 6세 미만의 시기입니다.

이 책에서는 6세 이전 건강의 중요성을 의학적 관점에서 타당성을 설명하였으며, 아이들의 건강검진을 통해 치아, 시력, 청력 등 학습과 건강의 근본을 체크해 볼 것을 권장하였습니다. 키가 또래보다 작을 경우 부모들이 늦게 자랐기 때문에 자녀들도 늦게 자랄 것이라고 믿고 기다리는 경우가 많습니다. 하지만 무턱대고 믿고 기다리기보다는 1년에 얼마나 컸는지 체중 증가는 어떤지 체크하여 정상범주에서 벗어났을 경우 성장전문가에게 진찰을 받는 것이 필요합니다.

최근에는 체중미달보다는 비만한 경우가 많아 당뇨병이나 고혈압 등 소아 만성성인병이 증가하고 있습니다. 뚱뚱한 아이를 보면서 '어릴 때 살은 자라면서 키로 간다'고 생각하는 경우가 많습니다. 하지만 이제 이

런 불량 육아상식에서는 하루빨리 벗어나야 합니다. 소아비만은 성인비만과 달리 지방세포 수가 많아지는 것입니다. 때문에 한번 증가한 세포 수는 줄어들지 않아 성인비만으로 이어질 확률이 높습니다. 소아비만은 치료보다는 예방이 중요합니다. 적절한 운동을 통해 비만을 예방하고 건강한 생활습관을 갖게 해주는 것이 필요합니다.

또 아이들을 많이 괴롭히는 아토피 피부염, 알레르기 비염 및 천식을 예방하기 위한 식이요법을 포함한 건강한 환경 만들기에 관해서 기술하였으며 여러분의 자녀들이 신체적인 건강뿐만 아니라 정신적, 사회적으로도 건강한 사람이 되는 데 도움이 되었으면 하는 마음에서 이 책을 만들었습니다.

이 책을 통해 우리 꿈나무들이 우리나라뿐 아니라 세계에서 필요로 하는 건강한 사회인으로 자라는 데 도움이 되었으면 합니다.

2008년 1월
세브란스 어린이병원장실에서
김 덕 희

차 례

 PART **2** 정기검진으로 우리 아이 건강 챙기자

우 리 아 이 건 강 기 초 6 세 전 에 세 워 라

PART

1

6세 건강이
100세 건강의 기초 세운다

요즘 엄마들을 보면 아이를 똑똑하게 키우는 방법에 대해서는 전문가 못지않을 정도의 정보를 가지고 있지만 아이를 건강하게 키우는 방법에 대해서는 무엇을 어떻게 챙겨야 하는지 알지 못하는 경우가 많다. 그러다보니 우리 아이들이 심각한 질병에 오랫동안 노출되어 고생하고 있음에도 불구하고 뒤늦게 발견되는 경우가 종종 있다. 병원을 방문하는 아이들 중에는 키가 자라지 않는 아이, 아토피 피부염이나 비염에 걸린 아이, 비만으로 여러 성인병에 노출된 아이, 말이 늦어서 오는 아이, 자폐증이 있는 아이에 이르기까지 다양하다. 자식을 생각하는 엄마의 마음은 비슷하지만 무지해서 아이를 고생시킨 것 같아 죄책감이 드는 한편, 좀더 일찍 아이 건강에 관심을 가질 걸 하는 후회하는 마음이 드는 것은 당연하다. 그럼 아이의 건강을 챙기기 가장 좋은 시기는 언제일까? 아이가 자라는 동안 계속 관심을 갖고 지켜봐야 하지만, 일생에서 가장 역동적인 변화가 이루어지는 6세 미만의 시기이다.

실제 6세 이전에 뇌의 80%가 형성되고, 신체와 지능 발달의 70~80% 정도가 이루어진다. 6세 이전의 건강이 100세 건강의 기초가 되는 것이다. 6세까지는 신체적으로 가장 활발한 성장을 거듭하고 인지적, 정서적으로도 가장 왕성하게 발달한다. 이때 적절한 영양공급을 해주지 않으면 신체적으로 성장할 수 없음은 물론 뇌가 정상적으로 발달할 수 없다. 6세 전후의 건강이 평생 건강의 밑거름이 되기 때문에 질병이 있으면 조기에 치료해야 한다. 설령 지금 당장 질병이 없더라도 아이의 신체 및 정신적 건강 상태를 확인하는 실천이 필요하다. 아이들의 유전 및 대사질환들도 출생 시 나타나는 경우도 많지만 늦게 나타나는 경우도 있어 세심한 관찰과 진단이 필수적이다.

6세 이전의 건강관리, 왜 중요한가

 아이를 건강하게 키우는 방법 아세요?

요즘 아이들의 일주일 생활을 살펴보면 숨이 막힐 정도로 빡빡하고 바쁘다. 학교에 입학하기 전에 미리 해두어야 할 일이 너무 많아서이다. 유치원에서 돌아오면 악기 하나 정도는 배워두는 것이 좋다는 엄마의 의견에 따라 바이올린을 배우고, 운동도 하나쯤은 잘해야 하기 때문에 수영을 배운다. 초등학교에 들어가기 전에 기본적인 영어는 익히고 가야 하므로 일주일에 세 번은 영어 학원에도 간다. 초등학교에 들어가면 미술대회가 많다고 하니 미술도 배우고, 논리적인 사고력을 쌓기 위해서는 논술도 배우고, 이외에도 가베, 레고, 종이접기, 과학에 이르기까지 배워야 할 것들이 한두 가지가 아니다. 이러한 현실은 매스컴을 통해 너무나 잘 알려져 새삼스럽지도 않다.

사실 엄마들에게 "아이를 똑똑하게 키우려면 어떻게 해야 할까요?"

라고 질문하면 다양한 분야에 관한 정보를 전문가 못지않을 정도로 자세하게 알고 있어 혀를 내두를 정도다. 반면, "아이를 건강하게 키우려면 어떻게 해야 할까요?" 라고 질문하면 우물쭈물하며 수박겉핥기식으로 대답하기 십상이다. 아이의 건강에 대해 염려하는 만큼 관심을 기울이지 않거나 무엇을 어떻게 챙겨야 하는지 알지 못하는 경우가 많다.

그러다보니 우리 아이들이 심각한 질병에 오랫동안 노출되어 고생하고 있음에도 불구하고 뒤늦게 발견하는 경우가 많다. 병원을 방문하는 아이들 중에는 키가 자라지 않는 아이, 아토피 피부염과 비염에 걸린 아이, 비만으로 여러 성인병에 노출된 아이, 말이 늦는 아이, 자폐증이 있는 아이에 이르기까지 다양하다. 조금만 고삐를 늦추어도 반갑지 않은 손님처럼 불쑥불쑥 찾아오는 소아 질병은 예외가 없으며, 아이 엄마들의 가슴을 후벼 파며 아프게 만든다. 자식을 생각하는 엄마의 마음은 비슷하지만 무지해서 아이를 고생시킨 것 같아 죄책감이 드는 한편, 좀 더 일찍 아이 건강에 관심을 가질걸 하는 후회하는 마음이 드는 것이다. 그럼 아이의 건강을 챙기기 가장 좋은 시기는 언제일까? 아이가 자라는 동안 계속 관심을 갖고 지켜봐야 하지만, 일생에서 가장 역동적인 변화가 이루어지는 6세 미만의 시기이다.

# 6세, 인생의 1/12이지만 평생 건강의 뿌리

사람의 일생이 주기가 있듯이 건강에도 터닝포인트가 되는 시기가 있다. 바로 생애 건강주기이다. 생애 건강주기에 따르면 6세까지 영유아기, 13세까지 아동기, 19세까지 청소년기, 64세까지 성인기, 65세 이상 노인기 등 5단계로 나눌 수 있다. 시기별로 건강관리의 포인트가 달라지는데, 변곡점이 되는 시기에 따라 적절한 건강관리를 해주면 평생 건강하게 생활할 수 있는 셈이다.

이러한 기준에 따르면 6세까지는 엄마로부터 받은 면역력이 없어지고 스스로 면역력을 만들어 평생 건강의 근본을 만들어야 하는 중요한 시기이다. 또한 걸음마를 하는 것처럼 세상을 향해 한걸음 한걸음 내딛어 정신적으로 독립을 감행하는 것은 물론 육체적으로도 독립적인 개체로 우뚝 서는 시기이기도 하다.

우리나라 사람들의 평균 수명을 기준으로 볼 때 인생에서 7년은 아주 짧은 시기이지만 가장 왕성하게 성장하고 운동이 활발한 때이다. 실제 6세 이전에 뇌의 80%가 형성되고, 신체와 지능 발달의 70~80% 정도가 이루어진다. 6세까지는 신체적으로 가장 활발한 성장을 거듭하고 인지적, 정서적으로도 가장 왕성하게 발달하는 것이다.

이때 적절한 영양 공급을 해주지 않으면 신체적으로 성장할 수 없음은 물론 뇌가 정상적으로 발달할 수 없다. 즉, 영양을 공급할 때 성인의 축소판으로 생각하면 자칫 영양 불균형을 초래할 수 있다. 아이들은 활동에 필요한 에너지와 신체를 만드는 에너지가 모두 필요하기 때문에

Dr Kim 클리닉 생애 주기에 따른 건강관리 포인트!

사람은 나이에 따라 성장, 발달의 정도가 다르다. 그 시기별 특징을 바로 알고 특징에 맞게 제대로 건강을 관리해야 평생 건강하게 살 수 있다.

영유아기(출생~6세)

인생에서 아주 짧은 기간이지만 신체적으로 가장 왕성하게 성장하고 정서적, 지적 능력이 발달하는 단계이다. 면역력이 약해 여러 가지 질병에 노출되기 쉬우므로 건강을 미리체크하여 질병을 예방한다.

아동기(7~13세)

유아기에 비해 완만하게 성장하고 질병에도 덜 걸리지만, 신체적 성장과 더불어 정서적인 발달이 중요한 시기이다. 이때 질병에 걸리면 지적, 정서적인 발달에 영향을 많이 미치므로 영양 섭취나 운동 등에 신경을 써야 한다.

청소년기(14~19세)

사춘기에 접어드는 예민한 시기로 인생에서 제2의 급속한 성장을 하여 성인기로 가는과정이다. 성적 성숙이 이루어지는 단계이며, 2차 성징이 나타나며 정서적으로 불안할수 있으므로 정서적인 안정을 꾀해야 한다.

성인기(20~64세)

성장과 발달이 안정되는 시기이지만 사회생활의 스트레스로 인해 다양한 질병에 노출되기 쉬우므로 정기적인 건강검진이 반드시 필요하다.

노인기(65세~)

신체의 모든 기관의 감각이 둔해지는 시기이므로 영양 부족을 초래할 수 있다. 적절한영양을 공급하여 질병으로 인해 건강이 악화되지 않도록 주의해야 한다.

절대적인 에너지양은 성인에 비해 적지만 체중당 에너지양은 크기 때문이다.

이 시기에 골고루 음식을 섭취하지 않거나 질병에 걸려 적절한 영양 섭취를 하지 못하면 정상적인 성장을 기대할 수 없다. 무엇보다 6세까지는 좋은 음식과 싫은 음식을 가리게 되고, 음식을 먹는 속도, 식사 태도 등 식습관이 결정되는 시기로 올바른 식습관을 길러주는 것이 무척 중요하다. 이때 엄마, 아빠가 얼마나 관심 있게 아이들을 관찰하고 생활습관과 식습관을 어떻게 만들어주느냐에 따라 아이의 건강이 좌우된다. 즉, 평생 건강을 갖기 위한 생활습관의 뿌리를 만드는 시기이고 부모들의 영향 아래 있기 때문에 부모의 관심 정도에 따라 성인 건강의 밑바탕이 만들어지는 것이다.

6세 습관, 100세 간다

생활습관을 이야기할 때 '세 살 버릇 여든까지 간다'는 속담처럼 절묘하게 마음에 와 닿는 속담도 없다. 몸과 마음에 형성된 습관이 평생 간다는 의미로 어릴 때 좋은 습관이 들도록 반복해서 학습해야 한다는 의미이다. 요즘은 100세 건강을 추구하는 시대이므로 '세 살 버릇 백 살까지 간다'라고 고치는 것이 맞겠다. 사람들의 평균 수명이 늘어나면서 건강을 유지, 보수해야 하는 시간도 상대적으로 길어졌기 때문에 건강 챙기기도 예전에 비해 일찍 시작하는 것이 마땅하다. 지금 당장은 고통스러

울지 모르지만 나쁜 생활습관일수록 하루빨리 바로잡는 것이 좋다.

베스트셀러 에세이집 중에서 『내가 정말 알아야 할 모든 것은 유치원에서 배웠다』라는 책은 여러 사람들에게 따뜻한 감동을 주어 회자되었다. 로버트 풀검이라는 저자가 자신의 경험을 바탕으로 쓴 책으로 '손을 씻어야 한다'와 같은 사람들이 살아가면서 필요한 기본 원칙들의 대부분은 유치원에서 이미 배웠다고 기술하고 있다. 나이가 들면서 새로운 원칙들이 생기기도 하지만, 어릴 때 배웠던 가치에서 크게 벗어나지 못하며 오히려 어릴 때의 단순한 원칙들이 더욱 의미 있고 소중하다는 이야기이다.

풀어서 해석하면 어릴 때의 어떤 마음가짐과 생활습관을 갖는가 하는 것이 평생 그 사람의 인생을 따라다니며 지배한다는 의미이다. 어릴 때 몸과 마음에 형성된 나쁜 습관은 평생을 따라다니며, 쉽게 고치기도 힘들 것이다. 반면 그때 좋은 생활습관을 들이면 평생 걱정하지 않아도 된다.

올바른 습관이 질병 예방한다

"엄마 나도 과자 먹고 싶어."

"안 돼. 너는 아토피 피부염이니 먹으면 안 돼."

"싫어. 나도 먹고 싶어. 딱 하나만 먹을게. 응?"

과자를 먹이지 않으려는 엄마와 그 유혹에 쉽게 넘어가는 아이들과의 끝없는 전쟁. 아이 키우는 엄마들의 공통적인 고민이다. 과자를 먹이는 것이 좋지 않다는 것은 모두 알고 있고, 먹이지 않으려고 부단히 노력하는데도 '과자의 달콤한 유혹'에서 벗어날 수 없는 것이다. 현대에 이르러 부족하지 않은 먹을거리가 오히려 아이들에게 해가 되어 돌아오고 있는 셈이다.

요즘은 엄마들의 교육 효과인지 아이들도 과자, 햄버거, 피자, 아이스크림, 초콜릿 같은 음식이 몸에 좋지 않다는 것을 알고 있다. 그러나 알고 있는 것과는 별개로 먹고 싶은 욕구가 먼저인 아이들을 설득하는 일은 쉽지 않다. 마음을 다부지게 먹은 엄마도 아이가 떼를 쓰면 딱 부러지게 거절하지 못한다.

"건강을 해치는 불량식품을 그래도 먹이시겠습니까?"라고 경고하면 "먹이고 싶지 않지만 매일 아이를 혼낼 수도 없어요"라고 힘없이 대답한다. 그러다보니 엄마들마다 "어디 무서워서 아이 키우겠어요?"라고 한마디씩 한다. 바로 우리 아이들의 건강을 위협하는 다양한 요인들이 무섭다는 것이다. 그 요인은 손으로 꼽을 수 없을 정도로 많다. 아이들의 매일 숨 쉬는 공기부터 마시는 물, 매일 먹는 음식, 생활하는 공간, 입는 옷에 이르기까지 걱정이 한두 가지가 아니다. 특히 아이들이 먹는 음식들을 자세히 살펴보면 '우리 아이들에게 먹일 음식이 하나도 없구나' 하는 생각이 절로 든다.

잘못된 습관이 질병 부른다

우리 삶의 질을 높여준다는 도시화된 주거 환경, 생활방식, 식습관 등이 오히려 나쁜 영향을 미쳐 질병을 유발하고 있다. 학습으로 인한 스트레스는 증가하고 운동은 부족하다. 좀 더 편리한 생활을 추구하다보니 움직이기 싫어하고, 저렴한 가격에 다양한 음식을 구입할 수 있다보니 고칼로리, 고지방의 음식을 많이 섭취하게 된다.

고혈압, 당뇨병, 동맥경화 등 성인병의 대부분은 잘못된 생활습관과 식습관 때문이라는 것은 잘 알려져 있는 사실이다. 실제 질병의 대부분이 약물 투여보다는 생활습관과 식습관을 개선함으로써 예방하고 치료할 수 있다.

어린이들도 예외가 아니다. 어른들과 같이 생활하는 아이들도 자연스럽게 성인과 같은 환경에 노출되면서 나쁜 생활습관과 식습관에 익숙해지게 마련이다. 그러다보니 최근에는 어린이들이 어른과 마찬가지로 비만, 고혈압, 당뇨병과 같은 병에 노출되어 있어 소아 성인병이 이슈화되고 있는 현실이다. 잘못된 생활습관을 가진 어린이들은 성인병의 잠재 예비군인 셈이다.

아이들이 질병에 걸렸을 때의 문제는 단순히 질병에서 끝나지 않는다. 어른들은 자신의 질병에 따른 콤플렉스를 극복하고 스스로 치유할 능력이 있지만, 아이들은 무방비 상태에서 심각한 정신적 후유증을 앓기 쉽다. 아이들은 또래 아이들과 다르다는 것만으로도 정신적으로 스트레스를 받는 것이다.

아이가 아토피 피부염에 걸리면 성격이 예민해지고 다른 사람들에게 신경질을 내기 쉽다. 친구들과 피부가 달라 놀리기라도 하면 상처를 받아 유치원에 가기 싫어하거나 친구와 사귀기를 꺼려한다. 실제 어린이 질병을 치료할 때는 정서적인 부분의 치료도 함께 병행해야 한다.

아이가 뚱뚱한 비만일 경우에도 마찬가지다. 비만 그 자체로도 건강을 위협하는 질병이지만, 비만으로 인한 친구들의 따돌림이나 놀림 때문에 정신적인 스트레스를 받게 된다. 그 스트레스로 인한 폭식이 다시 비만을 부르는 악순환을 거듭하게 된다. 그래서 어린이의 질병은 그 자체로만 보면 안 된다.

# 세상에 하나뿐인 '엄마표 건강 계획' 세우기

아이를 안심하고 키울 수 있는 환경이 아니라면 엄마가 미리 꼼꼼하게 계획을 세워 유해한 환경으로부터 아이를 보호해야 한다. 그렇지 않으면 매번 상황에 따라 흔들리고 혼란스러울 수밖에 없다.

내 아이의 건강을 챙기는 일이 까다롭고 복잡하게 느껴지기 쉽지만 절대 어려운 일이 아니다. 기본적으로 '몸과 마음이 건강한 아이로 키우겠다'는 대전제를 갖고 나머지 구체적인 원칙은 아이에 맞게 유동적으로 만들고 적용해 나가면 된다.

엄마의 어깨가 무겁게 느껴질 수 있지만 엄마 스스로 원칙을 정한 경우와 그렇지 않은 경우의 결과는 천양지차이다.

◉ 1단계 : 아이의 건강 상태를 확인한다

아이에게 특이한 증상이 있는지 확인한다. 예를 들어 알레르기 질환이 있지는 않은지, 또래 아이에 비해 키가 작지는 않은지, 체중이 많이 나가지는 않는지 등을 체크한다. 아이에게 특이한 질병이 없더라도 가족 중에 질병으로 고생한 적이 있다면 엄마는 각별히 신경써야 한다.

◉ 2단계 : 아이의 습관을 점검한다

아이의 생활습관과 식습관을 점검한다. 대부분 생활습관과 식습관은 연결되어 있어 한 가지가 나쁘면 둘 다 나쁘다. 반드시 교정해야 하는 습관들이 있다면 무엇인지, 어떻게 교정해 나갈 것인지를 생각한다.

◉ 3단계 : 엄마 나름대로 원칙을 세운다

원칙을 세운다는 것은 엄마가 아이의 생활습관과 식습관에 적극적으로 관여를 하겠다는 의미이다. 아이에게 해도 되는 행동, 하면 안 되는 행동, 먹어도 좋은 음식, 먹으면 안 되는 음식 등을 구분하여 정해놓는다. 이때 새로운 생활습관은 구체적으로 정하는 것이 좋다. 예를 들어, 매일 운동을 하기로 원칙을 정했다면 '하루에 한 번 운동한다'가 아니라 '하루에 30분 줄넘기를 한다'와 같이 구체적으로 정해야 실천하기 쉽다.

◉ 4단계 : 원칙을 꾸준히 실천한다

생활습관과 식습관은 단기간에 교정되는 것이 아니기 때문에 원칙을 꾸준히 실천하는 것이 중요하다. 절대적인 시간이 필요하기 때문에 엄마, 아빠가 함께 한다는 마음을 갖고 사랑과 인내로 아이가 좋은 습관을 갖도록 유도해야 한다.

아이 망치는 불량 육아 상식은 이제 그만!

　　아이가 올바른 생활습관과 식습관을 갖고 자라도록 하기 위해서는 무엇보다 엄마가 바른 정보를 알고 있어야 한다. 그런데 잘못 알고 있는 다른 사람들의 조언을 믿거나 혹은 스스로 인터넷을 찾아 알고 있는 정보를 과신하여 아이를 고생시킬 수도 있다.

　　엄마들의 경험담 어디까지 믿을 수 있을까? 아이를 키워본 적이 없는 엄마들은 열심히 육아책을 찾아보기도 하지만, 대부분은 할머니나 주변 친구들, 아이를 키워본 적이 있는 선배 엄마들의 조언을 믿고 따른다. 이러한 정보들은 의사 선생님에게서 듣지 못하는 경험담이라는 장점이 있지만, 반대로 의학적으로 확인되지 않은 정보가 많다.

　　특히 아이의 질병이 무엇인지 확실하지 않은 상태에서 엄마가 판단하고 행하는 경우는 정말 조심해야 한다. 예를 들어, 아이의 체중이 많이 나간다고 해서 엄마 스스로 비만이라고 판단하고 야채 위주로 음식을 먹인다든지, 지방이 포함된 음식을 전혀 주지 않는다든지 하는 방식은 위험하다. 또한 세 끼 식사 이외에는 전혀 간식을 주지 않는 등의 극약 처방은 한참 성장해야 하는 아이를 영양실조에 걸리도록 하기 쉽다.

요즘은 엄마들이 몰라서라기보다는 너무 많이 알아서 문제가 되는 경우가 많다. 특히 TV에 특정한 내용의 방송이 나오면 엄마들은 한바탕 몸살을 앓는다. 이때는 '모르는 것이 약'이라는 말을 해주고 싶다.

예를 들어, '병원에 자주 가면 면역력이 약해진다'는 내용이 방송되면 아이가 심하게 아픈데도 병원에 데리고 가지 않고 병을 키우는 경우가 있다. 병원에 가서 쉽게 나을 수 있는 감기인데 폐렴까지 진전되어 고생할 수도 있다. '스테로이드제는 몸에 좋지 않다'는 내용이 방송되면 아토피 피부염 때문에 온몸에 부스럼이 나는데도 연고를 바르지 않고 견디는 경우도 있다.

 잘못된 육아 상식 Best 10

잘못 알고 있는 육아 상식은 아이가 건강하게 성장할 수 있는 기회를 박탈하거나 미리 예방할 수 있는 질병에 무방비로 노출시킬 수 있다. 엄마들 사이에서 잘못 알려진 육아 상식 중에서 가장 대표적인 베스트 10을 뽑아본다.

01 간식을 먹으면 밥을 먹지 않는다?

다섯 살 민주는 식사 때 밥을 잘 먹으려고 하지 않는다. 끊임없이 냉장고 문을 열었다 닫았다 하며 우유, 과일, 빵, 과자를 꺼내 먹다보니 정작 식사 시간에는 밥 먹을 생각을 하지 않는다. 그래서 민주 엄마는 특단의 조치를 취했다. '간식 절대 금지'를 선언하고 간식을 주지 않기로 한 것이다.

민주 엄마의 선택은 올바른 것일까? 아이가 불규칙하게 간식을 먹으면 밥을 먹지 않는 것은 사실이지만, 그것은 간식 먹는 습관이 문제이지 간식 자체가 문제가 되는 것은 아니다. 간식으로 너무 많은 양을 주거나 시도 때도 없이 간식을 먹게 하면 밥맛이 없는 것은 당연하다.

그러나 성장하는 아이에게 적당한 간식은 반드시 필요하다. 아이들은 소화, 흡수 능력이 부족하기 때문에 한 번에 먹을 수 있는 양이 적고, 활동과 성장에 필요한 에너지를 한꺼번에 섭취할 수 없다. 따라서 하루에 두 번, 끼니와 끼니 사이에 간식을 먹임으로써 적절한 영양을 섭취할 수 있도록 하는 것이 중요하다.

02 뚱뚱하니까 야채만 먹인다?

여섯 살 상필이는 또래 아이들보다 약간 뚱뚱하다. 요즘 소아 비만이 큰 문제라고 해서 상필이 엄마는 걱정이 많다. 더 이상 상필이가 살찌는 것을 방지하기 위해서는 식단에 변화가 필요하다는 생각이다. 그래서 식단에서 지방이 포함된 육류를 모두 빼내고 신선한 야채 위주로 먹이기로 결정했다.

소아 비만이 사회 이슈화되고 있는 만큼 엄마들의 관심이 많은 것도 사실이고 비만을 예방하기 위해서는 식단에 변화가 필요한 것도 맞다.

하지만 식단에 변화를 꾀할 때 무조건 야채만 먹이는 방법은 옳지 않다. 아이들은 성인과 달리 하루 활동에 필요한 에너지와 성장을 위해 근육과 뼈를 만드는 데 필요한 에너지를 모두 섭취해야 한다. 그런데 하루에 섭취하는 칼로리를 조절하기 위해 야채만 먹인다면 성장에 절대적으로 필요한 단백질, 지방 등의 영양소를 섭취하지 못해 영양결핍에 걸릴 수도 있다.

식사 조절을 할 때 단백질 영양식으로 식단을 구성하여 영양소를 고르게 섭취할 수 있도록 해주는 한편, 절대적인 섭취 칼로리를 줄이고 꾸준히 운동을 하도록 하는 것이 바람직하다.

03 항생제와 스테로이드제는 나쁘다?

네 살 진주는 감기에 자주 걸려 1년 내내 소아과 병원을 드나든다. 일주일씩 감기약을 먹어도 낫지 않는 경우가 많아 걱정이다. 항생제를 많이 먹으면 건강에도 좋지 않고 내성이 생겨 점점 강하게 먹어야 효과가 있다고 해서 웬만하면 먹이지 말아야겠다고 결심했다.

항생제의 내성 문제가 알려지면서 의사가 처방전을 주어도 약을 먹이지 않는 엄마들이 많다. 그런데 적절한 항생제는 세균성 감염에 걸린 아이들에게 반드시 필요하며, 질병을 빠르게 회복시키는 역할을 한다. 정확한 처방 없이 엄마들의 판단에 의해 항생제를 먹이는 것이 문제이지, 항생제 자체가 문제는 아니다.

마찬가지로 스테로이드제의 부작용이 알려지면서 아토피 피부염을 가진 아이에게 절대로 스테로이드 연고를 바르지 않으려고 하는 엄마들이 많다. 아토피 피부염을 가진 아이들은 가려움증 때문에 몹시 긁기 마련인데, 이때 염증이 생기게 되고 염증이 생긴 상태에서 다시 피부를 긁어 악화시키는 과정을 반복하게 된다. 따라서 증상이 악화되기 전에 적절한 스테로이드 연고를 발라 피부를 진정시킬 필요가 있다. 일단 호전 증상이 보이면 스테로이드 연고를 바르는 횟수를 줄이고, 목욕과 보습으로 예방하는 것이 좋다.

만약 증상이 악화된 상태에서 스테로이드 연고를 사용하면 효과가 없을 뿐 아니라 호전되기 위해서 강한 스테로이드 연고를 사용해야 한다. 무조건 스테로이드 연고를 바르지 않는 것보다 적절한 사용으로 증상을 완화시키는 것이 좋다.

04 태권도를 하면 키가 크지 않는다?

올해 여섯 살인 승표는 운동을 하고 싶어 몸살이 난다. 평소 몸을 쓰는 운동은 모두 좋아해서 달리기, 축구, 태권도 무엇이든 하고 싶어 한다. 그런데 승표 엄마는 주변 사람들의 충고 때문에 승표에게 운동 가르치기를 망설인다. '너무 어릴 때 운동을 하면 키가 크지 않는다'는 속설 때문이다. 태권도와 같은 운동이 근육을 발달시켜 성장을 방해한다는 이야기이다. 정말 태권도를 하면 키가 크지 않을까? 운동 중에서 유독 태권도를 하면 키가 크지 않는다는 이야기가 나온 것인지는 모르지만, 아마도 태권도가 아이들에게 힘든 수련을 하게 하여 성장을 방해한다는 오해 때문일 것이다.

이는 태권도 사범님들이 가장 당혹스러워하는 질문이라고 한다. 팔과 다리를 쭉쭉 뻗어 근육을 이완시키는데 어떻게 키가 자라지 않을 수 있냐는 대답이다. 모든 운동의 기본을 보면 스트레칭이 있듯이 태권도에도 스트레칭 동작을 통해 근육을 이완시키고, 발차기를 통해 성장을 자극한다. 또한 성장판을 자극하여 성장 호르몬 분비를 촉진시켜 키가 성장하도록 해준다.

적당한 운동은 모두 성장기 어린이에게 도움이 되며 성장기 어린이의 뼈를 튼튼하게 해준다. 따라서 태권도를 하면 키가 크지 않는다는 것은 엄마들이 갖기 쉬운 오해이다.

05 우유는 몸에 해롭다?

네 살 수정이 엄마는 수정이에게 하루에 꼭 한 잔 이상의 우유를 먹여 왔다. 수정이가 먹기 싫어하면 우유에 달콤한 코코아 가루를 타서라도 먹였다. 우유에 있는 풍부한 칼슘이 키가 쑥쑥 자라는 데 꼭 필요하다라는 믿음 때문이었다.

그런데 얼마 전부터 수정이에게 아토피 피부염 증상이 나타나기 시작하자 괜스레 걱정이 되었다. 우유가 아토피 피부염에 좋지 않다는데 괜히 악화시키는 것은 아닌가 하는 걱정이다. 요즘에는 임산부가 우유를 많이 마시거나 수유 중에 우유를 많이 마시면 아이가 아토피 피부염에 걸릴 염려가 있다는 이야기가 있는데 그동안 너무 우유를 신뢰하고 있었던 것이 아닌가 하는 후회도 든 것이다.

지금까지 성장하는 아이에게 우유는 이상적인 식품으로 여겨져 왔지만, 최근에는 오히려 우유가 몸에 해롭다고 하는 사람들도 있다. 또한 아토피 피부염을 앓는 아이들이 많다보니 아토피 피부염의 원인이 될 수도 있는 우유를 기피한다.

그러나 우유가 알레르기 피부염을 일으키는 원인이 될 수도 있지만 누구나에게 그런 것은 아니다. 우유가 알레르기 피부염의 원인이 아니라면 하루에 2~3잔 정도 꾸준히 마시는 것이 좋다. 우유는 칼슘이 풍부하고 칼슘 흡수율이 좋을 뿐 아니라 다른 영양소도 풍부해 키 크는 데 도움이 된다.

06 먹은 것은 모두 키로 간다?

현민이는 다섯 살이 되면서부터 잘 먹기 시작해, 저렇게 먹어도 될까 걱정될 정도이다. 주변 사람들에게 걱정을 하자 "먹지 않아 걱정이지 잘 먹는데 무슨 걱정이에요. 잘 먹으면 키가 많이 큰대요"라는 대답이 돌아왔다.

그 이야기를 듣자 현민이 엄마도 안심되기도 하고, 아이가 먹고 싶어하는데 말리는 것도 쉽지 않았는데 잘됐다 싶었다. 아이가 무엇이든지 잘 먹으면 마냥 뿌듯한 것이 엄마의 마음. 그리고 잘 먹으면 모두 키로 자란다는데 무엇이 걱정이랴 싶다.

성장기 어린이의 고른 영양섭취는 백 번 강조해도 지나치지 않다. 그러나 최근에는 지나치게 높은 칼로리를 섭취해 비만으로 이어지는 경우가 많아 조심해야 한다. 적절한 범위 내에서 체중이 증가하는 것은 상관없지만 표준체중의 범위를 넘어서면 비만을 조심해야 한다.

07 시력, 청력 검사는 초등학교 때 받는다?

어느 때부터인지 여섯 살 예진이는 TV 앞에 바짝 앉는 경우가 많다. 엄마가 뒤에 앉아서 보라고 잔소리를 해도 어느 순간 앞에 앉아 있고, 아무리 혼을 내도 소용이 없다. 그러던 어느 날 예진이 엄마가 무심코 예진이를 보니 책을 눈앞에 붙이고 읽고 있는 것이었다. '아이쿠! 큰일이다' 싶어 예진이를 데리고 안과에 가서 검사를 받아 보았다.

역시 결과는 예상대로 시력에 문제가 있었다. 예진이 엄마는 지금까지 아이들의 시력은 초등학교에 들어가서 검사받으면 된다고 생각했지, 한 번도 미리 검사를 받아야 한다고 생각한 적이 없다. 특별히 문제가 없는데 굳이 검사를 받을 필요가 없기 때문이었다.

아이들의 시력은 5~6세에 대부분 완성되므로 어릴 때 시력이 정상적인지 확인하고, 문제가 있을 경우 일찍 교정해 주어야 치료가 쉽다. 특히 요즘은 아이들이 어릴 때부터 TV나 컴퓨터를 접하게 되고, 노출되는 시간도 절대적으로 많아 눈이 피곤해지기 쉽다. 여러 가지 환경이 예전에 비해 시력을 약화시키는 역할을 하므로 초등학교 이전에 검사를 받는 것이 좋다.

청력도 마찬가지로 어릴 때 정상인지 확인하고, 문제가 있을 경우 일찍 교정해 주어야 치료가 쉽다. 영유아기일 때 청력에 문제가 있으면 언어발달, 인지발달, 사회성발달에 심각한 영향을 미쳐 발달 장애를 일으킬 수 있으므로 조기 검진이 반드시 필요하다.

08 예방접종이 오히려 병에 걸리게 한다?

아진이 엄마는 예방접종을 맞히면서도 늘 걱정이 앞선다. 아진이가 두 살이다 보니 거의 한두 달에 한 번씩은 예방접종을 하는데, 그때마다 혹시 예방접종이 오히려 아진이를 병들게 할 수도 있다는 걱정이다.

정말 예방접종이 아이를 병들게 할 수도 있을까? 예방접종에 사용하는 백신에는 생백신과 사백신이 있다. 생백신은 병원체의 독성을 약화시켜 몸속에 증식하게 하여 면역력을 갖게 하는 것이고, 사백신은 비활성화된 병원체로 제조한 것으로 몸속에서 증식하지 않는 특징이 있다. 이때 생백신의 독성 때문에 병을 일으킬 수 있다고 생각하기 쉬운데, 아이의 몸에 병이 일어나지 않을 정도로 독성을 약화시켰기 때문에 걱정하지 않아도 된다. 따라서 예방접종을 하면 오히려 예방하려는 병에 걸리거나 독감 예방주사를 맞으면 독감에 걸린다는 것은 잘못된 상식이다. 백신은 몸의 면역력을 떨어뜨리는 것이 아니라 병원체에 대한 면역력을 길러주어 질병을 예방하는 효과가 있다.

09 열이 나면 덥게 해준다?

네 살 수아는 감기에 걸려 열이 38℃ 이상을 오르내리고 있다. 책을 뒤져보며 어떻게 해야 할까 당황하는 수아 엄마. 이때 수아 할머니는 "열이 나면 이불을 덮어줘야 한다"고 이야기하며 수아에게 이불을 푹

덮어주었다. 옛날 어른들은 열이 나면 바람이 들지 않도록 이불을 덮어주고 방을 따뜻하게 해주어야 한다고 믿기 때문이다. 실제 홍역에 걸려 열이 펄펄 끓는데도 덥게 만들어 탈수증에 걸린 아이들이 많았다.

아이가 열이 나면 옷을 벗겨주고, 미지근한 물에 수건을 적셔서 온몸을 닦아주어야 한다. 특히 신생아의 경우 추위를 탈까봐 이불에 꽁꽁 감싸서 키우는 경우가 많은데 주의해야 한다. 아기는 체온 조절을 잘 하지 못하기 때문에 꽁꽁 감싸놓으면 열이 38℃ 이상으로 올라 탈수증이 생길 수 있다. 태어난 지 얼마 되지 않으므로 추위를 탈 것이라고 지레 짐작하고 방의 온도를 지나치게 높게 하거나, 엄마의 산후조리를 위해 방을 뜨겁게 하는 것은 좋지 않다.

10 귀지가 생기면 귀지를 파준다?

상기 엄마는 상기 아빠의 귀지를 파주다가 상기의 귀를 들여다보게 되었다. 상기의 귀를 들여다보니 커다란 귀지가 있어 잘못하면 청력에도 지장이 있겠다 싶어 귀이개로 귀를 파주었다. 이후 상기가 귀가 아프다고 울상이다.

귀지가 있으면 답답하다는 생각 때문에 습관적으로 귀지를 파는 경우가 많은데, 아이들의 귀지를 함부로 파는 것은 좋지 않다. 간혹 아주 큰 귀지 때문에 통증을 느낄 수도 있지만 귀지는 대부분 자연스럽게 귀 밖으로 나오기 때문에 굳이 귀이개로 파 줄 필요가 없다. 잘못 귀를 후비면 귀에 염증이 생기거나 청력 장애의 원인이 될 수 있기 때문이다.

만약 귀 구멍을 막을 정도로 큰 귀지가 있다면 엄마가 직접 파내지 말고, 소아과 병원에 가서 파내도록 한다. 특히 아이들이 보는 앞에서 어른들이 귀이개로 귀를 파는 모습을 보이면 아이들이 따라할 수 있으므로 조심한다.

Dr Kim 클리닉   첫돌 아기 엄마들의 잘못된 상식 3

아기를 키우는 엄마들은 대부분 초보이다 보니 경험이 많은 사람들에게 물어보는 경우가 많다. 하지만 경험 많은 엄마들도 잘못 알고 있는 상식들이 있다.

돌이 지나도 분유를 먹여야 한다?

아이의 영양을 고려해서 돌이 지나도 분유를 먹이는 경우가 많은데, 돌이 지나면 생우유를 먹여야 한다. 이때 생우유만으로는 영양을 충분히 공급하기 힘듦으로 이유식을 병행해야 한다.

걸음마 전에 보행기가 필요하다?

예전에는 아기가 걸음마를 하기 전에 보행기를 태우는 것이 신체발달을 돕는다고 생각했다. 그러나 발로 간단히 밀어 원하는 장소에 갈 수 있는 보행기는 아기의 발달을 오히려 더디게 만들 수 있다. 또한 엄마가 일하느라고 보지 못한 상태에서 이곳저곳을 다니다가 부딪치는 사고가 생길 수 있어서 엄마의 가사 때문에 사용해야 한다면 시간 제약을 두는 것이 바람직하다.

땀띠가 나면 땀띠분을 바른다?

아기에게 땀띠가 나면 땀띠분을 바르는 경우가 많은데, 이는 땀띠를 오히려 악화시킬 수 있다. 땀띠는 많은 땀의 분비로 인해 땀샘이 막혀서 생긴다. 이때 땀띠분을 바르면 처음에는 뽀송뽀송한 느낌이 들지만, 시간이 지나면 땀띠분이 뭉쳐서 땀샘을 막는 역할을 하여 땀띠를 더욱 심하게 만든다. 따라서 요즘에는 땀띠분 사용을 권장하지 않는다.

PART
2

정기검진으로
우리 아이 건강 챙기자

아이가 잘 뛰어 놀고 건강한데 정기적으로 건강검진을 받아야 하나요?" 라고 질문하는 엄마들이 많다. 특별히 아픈 곳도 없는 아이를 데리고 정기적으로 병원에 가야 하느냐는 의문이다. 누구나 그런 의문을 가질 수 있는데, 대답은 '예'이다. 우리나라 옛 속담에 '호미로 막을 일을 가래로 막는다'는 말이 있다. 작은 일이었을 때 해결하지 못하면 일이 커졌을 때 막기 힘들다는 뜻인데, 아이들 건강검진도 같은 맥락에서 이해하면 된다.

치아를 제대로 관리하지 못해서 앞니가 썩은 아이, 공부에 집중을 하지 못해서 검사해보니 시력이 형편없이 나쁜 아이, 말을 잘 못해서 알아보니 청력이 떨어지는 아이 등 정기적인 검진을 받았다면 충분히 예방할 수 있는 질병들을 방치하여 아이는 물론 엄마까지 고생하는 경우가 많다. 특히 아이에게 정기적으로 예방접종을 하는 시기가 지나면 아이가 아플 때 이외에는 병원에 가지 않아 심각성을 더하고 있다.

그러나 어릴 때의 건강이 평생 건강의 밑거름이 된다는 인식을 갖고, 지금 당장 질병이 없더라도 아이의 건강 상태를 확인해야 한다. 특히 어린이 건강검진은 질병 예방과 더불어 아이의 정신적, 육체적 발달 정도를 체크한다는 점에서도 의미가 크다. 또래 아이들과 비교하여 우리 아이가 정상적으로 두뇌가 발달하고 있는지, 정상적으로 사회성이 발달하고 있는지, 정상적으로 키가 크고 있는지, 소아 비만은 아닌지 등을 체크하여 문제가 있다면 적극적으로 개선해야 한다.

반짝반짝하고 고른 치아 만들기

 유치 건강 영구치로 쭉~ 이어진다

"유치는 어차피 빠질 이인데 충치가 생겨도 괜찮지 않을까요?"라고 질문하는 엄마들이 의외로 많다. 그런 생각 때문에 유치 관리를 소홀히 하기 쉽지만 6세 이전의 유치 관리는 수십 번 강조해도 지나치지 않다. 유치가 건강해야 아이가 평생 사용할 영구치가 건강하기 때문이다.

유치의 씹는 기능은 얼굴 근육과 턱뼈를 발달시키며 두뇌를 발달시키는 역할을 한다. 또 다음에 날 영구치의 자리를 잡아준다. 그런데 유치를 잘못 관리하여 충치가 생기면 뒤이어 나오는 영구치의 색깔이 변형되고, 일찍 유치를 빼면 비어 있는 공간에 치아가 몰려 영구치가 날 자리가 모자라게 된다. 당연히 덧니나 뻐드렁니가 나기 쉽고 고르고 예쁜 치열을 기대하기 힘들다. 만약 앞니가 썩어 웃을 때마다 까만 점이 보이면 아이들이 심리적으로 위축되어 정서적으로도 좋지 않다.

더욱이 이가 나기 시작하는 영아의 경우 엄마들이 치아 관리의 필요성을 느끼지 못해 방치하거나, 필요성을 알고 있음에도 여러 가지 현실적인 어려움을 호소한다. 성인들도 매일 잠자기 전에 칫솔질하는 것을 귀찮아하는데, 하물며 어린아이에게 하루에 세 번 이를 닦도록 하고, 습관이 되도록 하기까지 많은 노력이 필요한 것은 당연하다. 치아와 관련된 질병은 당장 아이에게 치명적인 해를 끼치지는 않지만, 제대로 관리하지 않으면 평생을 괴롭힐 수 있다. 따라서 엄마가 힘들더라도 어릴 때 치아를 관리해주고 충치를 예방하는 생활습관을 갖도록 해준다.

 Dr Kim 클리닉 유치와 영구치 이 점이 다르다

아기는 태어나서 6~8개월 후부터는 이가 나기 시작하는데, 이렇게 나기 시작한 치아는 보통 2~3세까지 20개의 이가 난다. 이때의 이를 유치 또는 젖니라고 한다. 이후 만 6세에서 12세까지 유치가 빠지고 영구치가 나기 시작하는데, 영구치란 말 그대로 사람이 죽을 때까지 평생 사용해야 하는 치아. 결국 사람들은 사랑니를 포함하여 32개의 치아가 나는 것이 정상이다. 그러나 사랑니의 경우 나지 않는 사람들이 있으므로 28개의 치아를 갖고 있다고 보면 된다.

연령별로 치아 관리 포인트를 짚어라

모든 질병이 그렇지만 치아는 특히 '예방이 최고의 치료'이다. 엄마가 아이의 입 안을 살펴보았을 때 치아에 까만 점이 보이기 시작하면 이미 충치가 생기기 시작한 것이다. 충치가 하나 생기기 시작하면 다른 이로 옮겨가고, 치료를 위해 많은 시간과 노력을 투자해야 한다. 따라서 충치를 예방하고 치아와 관련된 질병을 예방하기 위해서는 치아가 나기 시작할 때부터 정기적으로 치과에 방문한다.

☺ 1세, 유치 상태 확인하기

처음으로 치과에 방문하는 시기는 이가 나기 시작하는 시점이 좋으며 늦어도 어금니가 나는 18개월 전후에는 검사를 받도록 한다. 방문하여 유치가 적당한 시기에 제대로 나고 있는지 확인하고, 의사 선생님으로부터 유치를 관리하는 요령을 배움으로써 충치를 예방할 수 있다.

보통 영아기에 주의해야 할 점은 엄마의 수유 습관이다. 흔히 아기가 젖병이나 엄마 젖을 물고 자는 경우가 있는데 이러한 수유 습관은 충치의 주범이다. 수면 중에 아기가 배가 고파 울면 수유 대신에 보리차를 준비해두었다가 먹이고, 아기의 이가 나기 시작하면 칫솔질을 시작해야 한다. 아기가 어려 칫솔질이 어렵다면 깨끗한 거즈에 따뜻한 물을 묻혀 잇몸과 이를 깨끗하게 닦아준다.

◉ 2세, 치카치카 칫솔질 습관들이기

2세 이후의 치아 관리는 간식 먹는 습관과 칫솔질하는 습관이 좌우한다. 따라서 아이가 자기 전에 단 음식을 먹으려 하면 충치가 생기는 이유와 칫솔질을 해야 하는 이유를 아이 눈높이에 맞추어 다음과 같이 반복 설명한다.

"세균이 좋아하는 음식은 뭘까? 바로 사탕, 초콜릿, 아이스크림처럼 단 음식이야. 잠자기 전에 단 음식을 먹으면 세균이 이를 마구 썩게 만들어. 그런 음식은 엄마가 허락할 때 조금만 먹자. 그리고 매일 잠자기 전에는 세균이 오지 못하게 이를 닦아야 해."

2~3세 아이들의 경우 칫솔질이 미숙하므로 엄마가 세심하게 마무리해준다. 만약 엄마가 칫솔질해주는 것을 거부하는 아이라면 거울에 나란히 서서 엄마가 시범을 보이며 꼼꼼하게 닦을 수 있도록 지도해준다.

◉ 3세, 영구치 상태 확인하기

유치가 6세에서 12세에 빠지는 이라면, 영구치는 아이가 평생 사용해야 할 치아이다. 그런데 최근 영구치의 뿌리가 없는 상태에서 태어나는 아이들이 늘고 있는데, 우리 아이만 예외라는 보장은 없다. 만약 영구치 뿌리가 없다면 빨리 치과에 방문하여 충치나 잇몸질환을 예방하는 것이 좋다. 영구치 상태는 간단하게 방사선 사진을 찍어 확인해 볼 수 있다.

◉ 6~7세, 충치 예방 위해 불소도포와 실런트하기

유아기에는 칫솔질만 잘 해도 기본적으로 충치를 예방할 수 있다. 하지만 잇몸 사이나 어금니의 패인 부분에 낀 음식물은 칫솔질을 열심히 해도 제거하기 어렵다. 그래서 영구치가 나는 시점에 맞춰 치과에 방문하여 불소도포와 실런트를 해주는 것이 좋다. 완벽하게 충치를 예방해주지는 못하지만 적어도 충치가 생길 확률을 줄여줄 수 있다.

◉ 7세, 치아 교정, 부정교합 확인하기

7세가 넘으면 우리 아이의 치아에 교정이 필요한지를 확인한다. 우선 앞니가 벌어져 치열이 고르지 않다면 치아 교정이 필요한지, 필요하다면 언제쯤 교정하는 것이 좋은지를 전문의와 의논한다. 또한 아이가 음식물을 씹기 힘들어 하거나 턱이 앞으로 나왔다면 우리 아이의 윗니와 아랫니가 맞물리지 않는 부정교합인지를 확인하고, 부정교합이라면 어떻게 교정해야 할지 상담한다.

 영구치 결손 확인하고 넘어가자

최근 들어 선천적으로 한 개 또는 그 이상의 영구치가 없는 상태에서 태어나는 아기가 늘고 있다. 한 개의 영구치가 없는 것은 애교로 봐줄 수 있는 정도이고, 네 개 또는 그 이상 영구치가 없는 경우도 있다. 평생 써야 하는 영구치가 없다는 것은 심리적으로도 충격이지만, 실제도 심각한 문제를 불러일으킬 수 있다. 만 6세 이후 유치와 영구치가 섞여 있는 시기에 제대로 관리를 해주지 않으면 여러 가지 부작용이 생길 수 있다.

영구치가 없는 경우 치주 질환이 발생하기 쉽고 다른 치아가 영구치가 없는 자리에 쏠려 나오면서 위아래 치아의 맞물림이 제대로 되지 않아 음식물을 씹기 어려울 뿐 아니라 턱이 앞으로 돌출되어 주걱턱이 되거나 비대칭 얼굴이 될 수도 있다.

그렇다면 영구치가 제대로 있는지 없는지는 어떻게 확인해 볼 수 있을까? 3세가 지나면 치과를 방문하여 방사선 사진을 찍어 영구치가 제대로 있는지를 확인해 볼 수 있다. 방사선 사진을 찍으면 현재의 유치 아래에 영구치가 자리 잡고 있는지를 한눈에 확인해볼 수 있다. 즉, 위턱과 아래턱 뼈 안에 들어있는 영구치의 개수와 형태, 배열상태를 알아볼 수 있다.

이렇게 확인해보지 않으면 영구치가 없다는 것을 모르고 사는 사람이 있고, 청소년이 되었는데도 유치가 빠지지 않아 확인해보니 영구치가 없다는 사실을 알게 되는 사람도 있다. 즉, 영구치가 없는 사람이 의외로 많으며, 점점 그 숫자가 늘어나고 있다는 보고이다.

영구치가 없으면 대부분의 엄마들이 놀라기는 하지만 그보다는 어떻게 하는 것이 좋을까 생각하는 것이 급선무이다. 선천적으로 영구치가 없다면 유치가 영구치를 대신하게 되는데 유치는 대부분 뿌리가 약해 뽑히기 쉽다. 따라서 우선 유치 상태를 확인해보고 상태가 좋으면 잘 관리해서 사용하게 하고, 유치가 썩고 염증이 있으면 뽑아내고 성장이 끝날 때까지 간격유지 장치를 해준다. 보정물을 심는 임플란트나 보철장치는 성장을 방해할 수 있기 때문에 성장이 완료된 18세 이후에나 가능하다.

Dr Kim 클리닉 영구치가 나지 않는 이유는?

영구치가 나지 않는 이유에 대해서는 여러 가지 원인이 있는데 아직까지 '이것이다' 라는 분명한 원인을 찾지는 못한 상태. 가공 식품과 인스턴트식품과 같은 부드러운 음식물 섭취와 섬유질 섭취의 부족, 그리고 이러한 식품에 다량 함유된 것으로 알려진 다양한 식품 첨가물들이 원인이 아닐까 추론하고 있다.

 치아 교정 빠르면 빠를수록 좋다

"우리 아이 앞니가 벌어져 있는데 이대로 두어도 좋을까요?"라고 질문하는 경우가 있는데, 유치 상태에서는 약간 벌어져 있는 것이 정상이다. 어릴 때는 유치의 크기가 작아 틈새가 벌어져 있지만, 상대적으로 크기가 큰 영구치가 나오면서 빈 공간이 메워지며 치아가 고르게 배열된다. 그래서 '어릴 때 앞니가 벌어져 있으면 커서 예쁘다'는 말이 나온 것이다.

영구치로 교환되는 시기에 자연스럽게 치열이 고르게 되면 다행이지만 벌어진 앞니 사이의 간격이 줄지 않으면 어떻게 해야 할까? 이것은 턱뼈에 비해 치아의 크기가 작아 이 사이가 벌어진 경우이므로 치아 교정을 해야 한다. 이외에도 치아가 날 공간이 부족해 덧니가 생기고 치열이 고르지 못한 경우, 앞니가 토끼 이빨처럼 튀어나온 경우에도 교정이 필요하다.

적절한 교정 시기는 7~8세 정도가 좋다. 예전에는 교정시기를 영구치가 난 13세 전후가 가장 좋다고 보았는데, 최근에는 이를 갈기 시작하는 7~8세 전후에 교정할 것을 권한다. 빨리 치료할수록 기간이 짧고 비용 부담도 줄어들기 때문이다.

윗니와 아랫니가 제대로 맞물리지 않는 부정교합도 가능하면 빨리 교정해준다. 부정교합은 미관상 좋지 않다는 이유 이외에도 충치나 치주 질환이 생기기 쉽다. 윗니와 아랫니가 제대로 맞물리지 않으니 제대로 씹히지 않고, 치아 사이에 음식물이 끼기 쉽다. 하루에 세 번, 열심히 이를 닦아도 이 사이에 낀 음식물까지 깨끗하게 제거하기는 무리가 있다. 그러다보니 정상적인 아이들보다 충치가 생기기 쉽고 관련된 질환이 생기게 된다.

입으로 숨을 쉬거나, 손가락을 빨거나, 혀를 앞으로 내밀거나 하면 부정교합을 의심하는데, 부정교합이 생기는 이유는 여러 가지이다. 요즘 아이들은 어릴 때 딱딱한 음식물을 씹기 싫어하다보니 턱이 점점 서구형으로 갸름해지고 충치 때문에 유치가 빠지면서 이가 앞으로 쏠리면서 나기도 한다.

부정교합의 교정 시기는 빠르면 빠를수록 좋다. 특히 윗니가 아랫니를 모두 가릴 정도이면 영구치가 나기 전에 교정을 해주어야 한다. 성장과 함께 골격이 굳어버리면 교정의 시기를 놓쳐 주걱턱이 될 수도 있기 때문이다. 이때는 턱뼈가 굳기 전에 조기에 교정을 받는 것이 최선이다.

Dr Kim 클리닉 손가락 빠는 습관, 6세 전에 반드시 고쳐라

주위를 둘러보면 6세가 넘었는데도 손가락을 빠는 아이들이 의외로 많다. 손가락 빠는 습관은 한번 익숙해지면 고치기 힘들다. 그러나 예쁜 치아를 갖게 하기 위해서는 손가락 빠는 습관을 6세 이전에는 반드시 고쳐야 한다. 유치 상태에서는 괜찮지만 6세 이후 영구치가 나기 시작하는 상태에서 손가락을 빨면 앞니가 벌어지거나 돌출될 수 있다.

불소도포와 실런트로 충치를 예방하라

식사 후에는 반드시 이를 닦아 예쁘고 건강한 치아를 유지하는 것이 가장 이상적이다. 그러나 엄마가 아무리 신경을 곤두세우고 치아를 관리해도 이 닦기를 귀찮아하는 아이들을 꾸준히 관리하는 것은 여간 힘든 일이 아니다.

충치를 예방하기 위해 치과에서 가장 많이 권하는 예방법이 불소도포와 실런트다. 불소도포와 실런트를 모두 해야 할 필요가 있을까 궁금해하는 사람들이 있는데, 둘 다 충치를 예방한다는 측면에서는 비슷하지만 약간 원리가 다르다.

불소도포는 보호막을 씌워 충치를 예방하는 방법이다. 불소를 치아에 발라 세균으로부터 치아를 보호하는 보호막이라고 생각하면 된다. 불소는 치아의 조직을 단단하게 해주고 치아에 낀 세균막의 산도를 낮추어 충치를 예방하는 기능이 있다. 불소가 함유된 치약을 쓰는 것도 그

러한 이유에서이다. 이외에도 불소가 함유된 알약을 먹거나 시럽을 먹기도 하는데, 치과에서는 높은 농도의 불소를 치아에 발라 장기적으로 충치 예방 효과가 있도록 하는 불소도포를 해주는 것이다.

불소도포를 하는 시기는 정해져 있지 않지만 단 음식을 포함한 여러 가지 간식을 먹기 시작하는 3세 전후에 해주는 것이 가장 효과적이다. 한 가지 주의할 점은 불소도포를 했다고 마음 놓고 단 음식을 먹이는 것은 금물. 불소도포는 앞니와 어금니의 편평한 부분에 생기는 충치를 어느 정도 예방해주지만 완전히 차단해주는 것은 아니기 때문이다.

실런트는 이 사이의 홈을 메워 충치를 예방하는 방법이다. 어금니를 자세히 들여다보자. 어금니의 씹는 면을 보면 보통 굽이굽이 골이 패여 있는데 이 골에 음식물이 끼면 이를 열심히 닦아도 빠져나오지 않는다. 특히 이 닦는 것이 서툰 아이들의 경우에는 더욱 심하다. 따라서 음식물이 끼기 쉬운 골을 메워줌으로써 충치를 예방하는 것이 실런트이다. 그래서 실런트를 치아의 홈 메우기라고도 한다.

보통 영구치가 나는 시점에 실런트를 하는 것이 가장 효과적인데, 이때가 아니더라도 골이 깊게 패여 충치가 생기기 쉽다면 실런트를 하는 것이 좋다. 그러나 실런트 역시 충치가 생길 확률을 줄여줄 수는 있지만, 충치를 완전히 막을 수는 없는 노릇이다. 충치는 음식물을 씹는 면이 아닌 치아와 치아 사이에 낀 음식물 때문에 생기는 경우도 많기 때문이다. 결국 올바른 칫솔질을 통해 충치를 예방하는 것이 최선이다.

# 평생 건강 치아, 이것만은 꼭 지켜라

칫솔질하는 생활습관이 평생의 치아 관리를 책임진다. 특히 6세 치아 관리는 칫솔질하는 습관과 간식 먹는 습관이 전부라고 해도 과언이 아니다. 이때는 칫솔질하는 방법을 가르치려고 하기보다는 규칙적으로 칫솔질하는 습관을 가르치는 것이 더욱 중요하다.

첫째, 3·3·3 법칙에 따라 칫솔질한다. 치아를 관리하는 방법으로 3·3·3 법칙이 유명한데 하루에 3번, 3분간, 식후 3분 이내에 칫솔질을 하라는 것이다. 어린이도 마찬가지인데 어릴 때부터 생활습관으로 만들어 건강한 치아를 평생 간직할 수 있도록 해준다. 만약 하루에 3번씩 이를 닦기 힘들다면 잠들기 전에는 반드시 이를 닦을 수 있도록 한다.

둘째, 한 번을 하더라도 꼼꼼하게 한다. 아이들은 아직 잇몸이 약하기 때문에 작고 부드러운 칫솔을 마련해주고 치약은 불소가 함유된 아이들 전용 치약을 사용한다. 칫솔질할 때는 정확한 방법으로 한다. 음식을 씹는 면과 옆면만 닦지 말고 이 사이에 낀 음식물을 제거할 수 있도록 위아래로 칫솔질을 충분히 해준다. 유아의 경우 혼자서 칫솔질을 하겠다고 고집을 부리기 쉽지만, 엄마가 직접 마무리 칫솔질을 하여 꼼꼼하게 관리한다. 이를 닦아줄 때는 앞에서 닦아주는 것보다 뒤에서 아이를 감싸 안고 거울을 보며 닦아주면 훨씬 쉽다.

셋째, 음식을 먹고 나면 물로 헹군다. 하루 종일 아이를 쫓아다니는 것이 아니라면 하루에 3번씩 이 닦는 일이 쉽지 않다. 이럴 때는 음식물을 먹고 난 후에 반드시 물로 헹구어 내도록 한다. 물은 음식물의 당분을 분해하여 치아에 산이 만들어지는 것을 막아준다.

넷째, 젖병 대신에 컵을 사용한다. 5~6세가 될 때까지 젖병에 우유를 먹는 아이들이 있다. 아이가 젖병에 집착하다보면 엄마도 매정하게 젖병을 없애지 못하는 경우이다. 그러나 12개월이 넘으면 젖병 대신에 컵으로 우유를 먹도록 유도한다. 특히 잠들기 전에 젖병을 물고 자는 것은 유아기에 충치를 일으키는 중요한 원인 중 하나이다.

다섯째, 딱딱한 음식물을 먹인다. 인스턴트 음식에 길들여 있고, 김치와 같이 씹히는 음식을 싫어하는 아이들이 많다. 자연히 잇몸과 턱관절이 약하고 부정교합으로 이어질 수 있다. 식탁의 반찬 혹은 아이들이 즐겨 먹는 반찬이 갈아 만든 부드러운 재료로만 이루어져 있지는 않은지 살펴보고, 어릴 때부터 딱딱한 음식물을 씹도록 유도해준다.

아이를 키우는 엄마들의 이야기를 들어보면 전문가들의 전문지식과는 다른 경험에서 묻어나오는 비장의 육아 노하우들을 갖고 있다. 엄마들이 이야기하는 우리 아이 치아 관리 요령을 들어보자.

'세균 잡기' 놀이를 해요

이를 닦아주려는 엄마와 이 닦기 싫어하는 아이와의 싸움이 매일 이어진다면 '세균 잡기' 놀이를 해본다. 이를 닦아주며 "세균이 한 마리 잡았다. 이번에는 위쪽에 있는 세균이를 잡으러 가자"며 놀이처럼 이 닦기를 하면 아이들이 힘들더라도 재미있어 하며 잘 견딘다.

우리 아이는 치과에 놀러 가요

어른들도 치과에 가기를 두려워하고 싫어하는 사람들이 많다. 치과에 대한 기억이 좋지 않기 때문이다. 정기적으로 치과에 방문해 검진해야 하는데 아이가 떼를 쓰면 데려가기가 쉽지 않다. 이러한 아이들은 일반 치과보다는 어린이 전문 치과에 가는 것이 좋다. 의사 선생님이 하얀 가운을 입지 않아 아이들이 갖는 두려움을 없애고, 아이들이 좋아하는 캐릭터로 장식되어 있어 거부감을 없앤 곳이 많기 때문이다.

생활 동화를 들려주어요

아이들에게 아무리 이를 닦아야 하고, 이를 닦지 않으면 치과에 가야 한다고 이야기해도 소용이 없다. 엄마의 또 다른 잔소리쯤으로 듣기 쉽기 때문이다. 좀 더 구체적이고 피부에 와 닿는 이야기를 들려줄 필요가 있다. 바로 생활 동화를 들려주는 것이다. 이를 닦지 않고 사탕을 많이 먹어 치과에 가는 주인공 이야기를 들려준다. 의외로 효과적이다.

건강하고 맑은 눈 만들기

어린이 시력 성장 8세에 끝난다

요즘은 아주 어린아이가 안경을 쓰고 있는 모습을 종종 보게 된다. 어린아이가 동그란 안경을 쓰고 있는 모습이 귀엽기도 하지만 한편으로는 얼마나 불편할까 하는 안쓰러운 마음도 든다. 예전에 비해 시력 교정을 위해 안경 쓰는 어린이들이 늘어나고 있는데, 유전적인 요인도 있지만 환경적인 요인에 의해 급증하는 추세이다. 요즘은 아이들이 야외에서 보내는 시간보다 실내에서 보내는 시간이 늘었다. 또한 조기교육 열풍에 힘입어 어릴 때부터 공부를 해야 하고, 컴퓨터 이용 시간이나 TV 시청 시간이 절대적으로 늘어난 것도 요인 중 하나이다.

그런데 의외로 아이의 시력 검사의 필요성을 알지 못하는 엄마들이 많다. 검사를 받고 "우리 아이의 눈이 이렇게 나쁘다니 이해할 수 없어요"라고 반문하는 엄마들도 있다. 아이가 한 번도 눈이 아프다거나 보이지 않는다고 표현하지 않았기 때문이다. 아이들은 구체적으로 "잘 보이지 않아" 또는 "흐릿하게 보여"라고 표현하지 않기 때문에 엄마들이 모르고 지나치는 경우가 많다. 특히 한쪽 눈만 나쁘면 좋은 쪽 눈만으로 사물을 보기 때문에 더욱 알아채기 힘들다. 아이가 수업에 집중을 하지 못하거나 학교생활에 적응하지 못해 그 이유를 따져보니 눈이 나빠서였다고 하는 웃지 못할 사례가 나오는 것이다. 심지어는 아이가 중학생이 되어서야 처음 안과에 방문해 약시라는 판정을 받는 경우도 있다.

어린이의 키나 몸무게는 사춘기까지 급속도로 성장하고 이후 성장이 둔화되기는 하지만 꾸준히 성장을 거듭한다. 그러나 어린이의 시력은 보통 8세 전후에 성장이 끝난다. 따라서 그 이후에 시력에 문제가 있다는 것을 발견하여 교정하려고 하면 상당히 힘들고 까다롭다. 통계조사에 의하면 국내 어린이들 중 대부분은 초등학교 입학 후에 처음 시력 검사를 한다는 결과가 있는데, 만약 시력에 문제가 있다는 판정이 나오면 이미 때가 늦을 수도 있다. 따라서 우리 아이의 시력에 이상이 있는지 조기에 검진하는 것이 중요하다.

 엄마가 직접 챙겨보는 시력 테스트

태어난 지 몇 개월 지난 아기를 안과에 데리고 와서 시력 검사를 해달라는 엄마들이 있는데, 이때는 엄마의 관찰을 통해 아기의 시력이 적당하게 발달하고 있는지 직접 확인하는 것이 좋다. 정기적으로 안과에서 검진 받지 않더라도 엄마가 평소에 아이의 움직임을 관찰하여 시력에 이상이 있는지 여부를 판단한다. 다음 몇 가지 경우에 해당한다면 병원을 찾아 검사를 받아본다.

첫째, 아기가 엄마와 눈을 맞추지 않는다. 아기는 처음에는 전혀 엄마에게 반응하지 않다가 3~4개월이 되면 눈을 뜨고 엄마와 눈을 맞춘다. 그런데 엄마와 눈을 맞추지 않고 엄마가 앞뒤로 움직이는데도 반응을 하지 않으면 시력 검사를 해야 한다.

둘째, 두 눈이 보는 방향이 다르다. 태어난 지 얼마 되지 않은 신생아의 경우 눈동자가 가운데로 모이거나 밖으로 벌어지는 사시처럼 보일 때가 있는데, 눈이 발달하지 않아 나타나는 증상이며 대부분 몇 개월 후에는 정상화된다. 또한 일시적으로 눈이 피곤하여 사시가 되는 경우도 있다. 그러나 엄마가 보았을 때 아이의 두 눈이 바라보는 방향이 다르면 시력 검사를 한다.

셋째, 아이가 TV를 볼 때 찌푸리고 가까이서 본다. 흔히 TV를 가까이서 보면 눈이 나빠진다고 이야기한다. 어느 정도 맞는 말이지만, 그것

 Dr Kim 클리닉　1세 아기의 시력은 몇일까?

갓 태어난 신생아는 사물이 있는지 없는지를 판단하는 정도의 시력을 갖지만, 점점 발달해 3개월쯤에는 엄마와 눈을 맞추는 정도가 된다. 이후 1세가 되면 0.2, 3세가 되면 0.5, 4세가 되면 0.7 정도가 된다. 그리고 5~6세가 되면 시력이 1.00이 되어 대부분의 기능이 완성된다.

보다는 잘 보이지 않기 때문에 TV를 가까이서 보는 것이다. 따라서 TV를 가까이 보려고 한다면 떨어져서 보라고 야단치기보다는 아이의 시력에 이상이 있는지 확인하는 것이 먼저이다.

넷째, 공부에 집중하지 못한다. 아이가 예전에 비해 책을 보려고 하지 않거나 운동 능력이 떨어지면 시력 이상을 의심한다. 눈이 나쁘면 책을 가까이 보거나 책을 오랫동안 보지 못하는 경향이 있다. 결국 눈이 피곤해지면 집중력이 떨어지게 되고 학습 능력이나 운동 능력에도 영향을 미치게 된다.

늦어도 3세에는 검사하라

아이 시력 보호의 핵심은 조기에 검사를 받고, 문제가 생겼을 경우 조기에 치료하는 것이다. 그렇다면 언제 우리 아이의 시력을 처음으로 검사하는 것이 좋을까?

아이의 시력은 조기에 검사해 문제가 발견되면 빨리 치료하는 것이 중요하다. 엄마가 판단하기에 아이의 눈에 문제가 있다면 언제라도 안과에 가야 하지만, 그렇지 않은 경우 3세에는 안과에 가서 시력을 검사하는 것이 좋다. 아이들이 시력 검사표를 읽지 못하는데도 시력 검사가 가능할까 의문이 들지만 3세 이전에도 가능하므로 걱정하지 말고 방문하자.

아이들이 걸리기 쉬운 눈 질환에는 크게 네 가지 정도를 꼽을 수 있다. 근시, 원시, 난시와 같은 굴절이상이 있는지, 눈이 한쪽으로 모아지는 사시가 있는지, 어떤 이유에서인지 정상적인 시력으로 발달하지 못하는 약시인지를 검사한다. 이외에도 선천적으로 백내장이나 녹내장과 같은 질환이 있는지도 알아본다.

근시, 원시, 난시와 같은 굴절이상이 있다면 안경으로 교정을 해준다. 어린아이에게 안경을 쓰게 하는 것이 불편하고 번거로운 일이지만 눈의 건강을 위해서는 착용하는 것이 좋다. 사시와 약시라는 판정이 나오면 시간과 노력이 많이 필요하다. 그나마 5세 이전에 발견하면 교정이 가능하나 눈의 성장이 끝난 이후에 발견하면 치료가 까다롭고 오래 걸린다. 특히 사시와 약시는 시력을 나쁘게 만든 어떤 원인이 있다는 것을 말하는 것이므로 그 원인을 파악하는 것이 중요하다.

 작은 습관으로 눈의 피로 줄인다

아이가 눈이 나빠지는 이유는 유전적인 영향도 있지만, 최근에는 환경적인 요인이 차지하는 비중이 크다. TV를 시청하는 시간이 길거나 컴퓨터 게임을 하는 시간이 늘어나서이기도 하고, 바른 생활습관을 갖지 못해서이기도 하다. 따라서 아이의 눈이 나빠지는 것을 예방하는 다음과 같은 생활습관을 꾸준히 실천하도록 한다.

Dr Kim 클리닉 아이들이 걸리기 쉬운 눈 질환

근시

물체의 상이 망막보다 앞에 맺힌다. 가까운 곳은 잘 보이는데, 먼 곳이 잘 보이지 않는다.

원시

물체의 상이 망막보다 뒤에 맺힌다. 가까운 곳은 잘 보이지 않고, 먼 곳은 잘 보인다.

난시

눈에 들어오는 빛의 굴절력이 조금씩 차이가 있어 초점이 맞춰지지 않는다. 물체가 흔들려 보이거나 겹쳐 보인다.

사시

두쪽 눈동자가 모두 안으로 모이거나 밖으로 벌어진다. 시력이 발달하지 않은 신생아는 일시적으로 사시가 나타날 수 있으며, 몇 개월 후에는 정상으로 돌아온다.

약시

양쪽 눈의 망막에 특별한 이상이 없는데도 안경으로 교정해도 시력이 제대로 나오지 않는다. 보통 근시, 원시, 난시, 사시, 선천적 질환에 의해 두 눈이 나빠지는 경우이다.

선천적 질환

태어날 때부터 녹내장, 백내장 질환이 있는 경우이다.

◉ 첫째, 조명의 밝기를 조정한다

조명은 너무 밝지도 어둡지도 않도록 한다. 실내조명은 500럭스 정도가 좋으며 그림자가 드리우지 않도록 배치한다. 누워 있는 시간이 많은 신생아의 경우 조명에 오랫동안 노출되면 눈이 피곤해지기 쉬우므로 조명 바로 밑에 아기를 눕히지 않도록 주의한다. 특히 아이가 공부를 할 시기에는 책상에 스탠드를 설치하여 눈이 피곤하지 않도록 해준다. 스탠드를 놓을 때는 빛이 직접 눈에 닿지 않도록 주의하며 높이는 40cm 정도가 적당하다.

◉ 둘째, 컴퓨터 게임 시간을 정한다

아이들이 어릴 때부터 컴퓨터를 하는 경우가 많은데 대부분 컴퓨터 책상의 높이와 아이의 키가 맞지 않아 올려다보는 경우가 많다. 어릴 때 눈이 나빠지는 이유 중 하나이다. 컴퓨터 모니터는 아이들 눈높이보다 낮게 배치하는 것이 좋으며, 눈 사이의 간격은 50~60cm 정도가 적당하다. 또한 2~3시간씩 연달아 게임을 하면 정서에 좋지 않고 눈을 피곤하게 만든다. 엄마가 게임 시간을 조절하여 40분 정도 게임하고 20분 정도 쉬도록 해준다.

◉ 셋째, TV 시청 시간을 조절한다

아이들에게 TV를 오랫동안 시청하도록 하는 것은 정서적인 측면이나 시력 보호 측면에서도 좋지 않다. 아이들과 미리 약속을 하여 1시간 이내로 시간을 조절하고, 3m 정도 떨어진 위치에서 바른 자세로 보도록 한다. 특히 TV를 높은 위치에 놓고 올려다보는 것은 눈을 피곤하게 하고 아이들의 자세를 흐트러뜨리는 원인이 된다. TV는 15도 정도 내려다볼 수 있도록 배치하는 것이 좋다.

◉ 넷째, 바른 자세로 책을 읽는다

아이가 동화책을 스스로 읽는다면 엄마로서 그보다 기쁜 일이 없지만, 아이가 습관적으로 엎드려 책을 읽는다면 교정해주어야 한다. 엎드려 책을 읽으면 눈과 책 사이에 적절한 간격을 유지하기 힘들고 그림자가 생겨서 눈을 쉬 피곤하게 만든다. 따라서 책을 읽을 때는 반드시 책상에서 읽도록 하고, 책과 눈 사이의 간격을 30cm 정도 유지하도록 해준다. 책을 읽을 때도 너무 오랫동안 읽기보다는 50분 정도 읽고 10분 정도 쉬어주는 것이 필요하다.

◉ 다섯째, 초록색 산을 바라본다

한번 나빠진 눈을 좋아지게 만들기는 힘들지만 습관을 통해 더 나빠지지 않도록 만들 수는 있다. 책을 읽거나 TV를 보거나 컴퓨터 게임을 한 후에는 휴식을 취하는데, 고개를 들어 먼 곳을 바라보는 것이 좋다. 가능하면 초록색이 많은 공원이나 산을 보면 눈이 편안해지고 피로 회

복이 빠르다.

◉ 여섯째, 편식하지 말고 골고루 먹는다

눈에 좋은 음식은 비타민과 칼슘이 풍부하게 들어 있는 음식이다. 비타민 A는 눈에 필요한 영양소를 공급하고, 비타민 C는 눈의 피로를 덜어주는 효과가 있다. 또한 칼슘은 눈의 기능을 좋아지게 하는 기능이 있다. 따라서 이러한 영양소가 골고루 들어있는 달걀, 치즈, 버터, 당근, 녹색야채, 우유, 생선을 골고루 먹도록 한다. 야채는 아이들이 먹기 싫어할 수 있으므로 야채와 과일을 갈아서 주스로 마시면 좋다. 예를 들어, 당근과 사과를 갈아서 마시면 눈에도 좋고 맛도 좋다.

 Dr Kim 클리닉 시력에 대한 잘못된 상식 5

잘못된 상식은 아이의 시력을 저하시키는 요인 중 하나이다. 엄마의 잘못된 상식으로 아이의 눈을 더욱 나빠지게 할 수 있으므로 올바른 정보를 습득하는 것도 엄마의 역할이다. 사람들이 잘못 알고 있는 대표적인 내용은 다음과 같다.

안경을 쓰면 눈이 더 나빠진다?

시력 검사를 하여 아이의 양쪽 눈이 0.7로 나왔는데, 안경을 써야 하느냐 말아야 하느냐로 고민하는 엄마들이 있다. 잘못 안경을 쓰면 눈이 더 나빠질 수 있다고 들었기 때문이다. 그건 잘못 알려진 상식이다. 적절한 시력 교정은 아이의 눈 건강을 위해서 반드시 필요하다. 다만 시력을 잘못 측정하여 교정하면 눈이 더 나빠질 수 있다. 따라서 아이 눈이 나쁘다면 안과에서 정확하게 원인을 파악하고 시력을 측정한 다음에 안경을 착용하도록 한다.

시력이 마이너스이면 눈이 몹시 나쁘다?

일반적으로 눈이 너무 나쁘면 마이너스라는 표현을 쓰는데, 시력에서 마이너스란 없다. 눈이 전혀 보이지 않는 경우를 0으로 보기 때문이다. 흔히 마이너스, 플러스는 교정 돗수에 붙는 것으로 마이너스가 붙으면 근시를 의미하고, 플러스가 붙으면 원시를 의미한다.

눈 영양제를 먹으면 시력이 좋아진다?

아이 눈이 나빠지지 않도록 영양제를 먹일까 생각하는 엄마들이 의외로 많다. 비타민과 칼슘이 풍부한 음식이 눈 영양에 좋은 것은 사실이지만, 굳이 영양제를 통해 섭취하지 않고 음식으로도 이러한 영양소 섭취는 가능하다. 또한 영양이 부족해서 눈이 나빠지는 경우는 거의 없기 때문에 영양제를 먹일 필요는 없다.

컴퓨터 게임이나 TV 시청이 눈을 나빠지게 한다?

TV를 가까이서 보거나 오래 시청하는 경우, 컴퓨터 게임을 오래 하는 경우 눈이 나빠진다고 이야기하지만 그렇지는 않다. 다만 오래 움직이지 않고 컴퓨터 게임을 하거나 TV를 시청하면 눈이 피곤해지기 쉽다. 따라서 시간을 조절하고 중간 중간 적절한 휴식이 필요하다.

아기의 시력 발달을 위해 모빌이 좋다?

아기의 시력을 발달시키기 위해 모빌을 달아놓는 경우가 많은데, 의학적인 근거가 있는 것은 아니다. 다만 모빌의 움직임이 아기를 자극해 지능을 발달시킬 수는 있다. 아기의 시력 발달을 보았을 때 생후 2개월 이전에는 색깔을 구분할 수 없으므로 흑백모빌이 좋고, 이후에 원색모빌을 사용하는 것이 좋다.

잘 들려야 공부도 잘한다

 중이염 가볍게 봤다가 큰 코 다친다

태어나기 이전에 청각에 문제가 있다면 선천적인 장애가 있는 것으로 보아야 하며, 태어난 이후에 생기는 장애는 후천적 장애인데 대부분 감기 후유증인 중이염을 제대로 치료하지 않아서 생긴다.

'우리 아이는 감기를 달고 살아요'라고 이야기하는 엄마가 많은데, 뒤집어서 이야기하면 '우리 아이는 중이염을 달고 살아요'라고 해석해도 될 정도로 감기와 중이염은 떼려야 뗄 수 없는 관계이다.

감기 때문에 소아과에 방문하면 어김없이 중이염이 있다는 이야기를 한다. 중이염은 감기의 후유증으로 오는 질병 중 하나이며 코감기로 인한 염증이 귀로 옮겨져 생기는 병이다. 중이염은 그 자체로는 별 문제가 되지 않으나 만성 중이염으로 진행되어 청력 장애를 일으킬 수 있다는 점 때문에 주의를 기울여야 한다.

Dr Kim 클리닉 중이염이란?

중이염은 '중이' 라는 공간에 염증이 생기는 것을 말한다. 특히 중이에 염증이 일어나려고 할 때를 '급성 중이염' 이라고 하고, 중이에 액체가 차기 시작하면 '삼출성 중이염' 이라고 한다. 이렇게 액체가 차는 상태가 지속되면 이를 '만성 중이염' 이라고 한다. 급성 중이염은 어느 정도 통증이 있어 엄마들이 쉽게 알아챌 수 있지만, 만성 중이염으로 진행되면 별다른 통증이 없어 방치되는 경우가 많다.

설마 청력 장애를 일으킬 정도까지 모를 수 있을까 하는 엄마들도 있겠지만 실제 그렇게 진행되기도 한다. 중이염의 특성상 별다른 통증이 없기 때문에 아이가 고통을 호소하기 전까지는 만성으로 진행되어도 모르는 경우가 많다. 특히 의사 표현이 자유롭지 못한 유아의 경우 엄마가 관심을 갖고 지켜보기 전까지는 발견하기 어렵다.

실제 중이염은 누구에게나 나타날 수 있는 질병이지만 4세 미만의 유아가 전체 환자의 70%를 차지한다는 통계를 보더라도 우리 아이들에게 얼마나 자주 찾아올 수 있는 질병인지 알 수 있다.

 들리지 않으면 언어 발달도 없다

태어나서 3세까지가 아이의 언어 발달에 있어 가장 중요한 시기이다. 이때 제대로 들을 수 없다면 언어를 거의 배울 수 없다. 아이는 듣는 말을 흉내 내어 소리로 내기 때문이다. 따라서 소리를 전혀 듣지 못하면 말을 거의 할 수 없고, 소리를 잘 듣지 못하면 발음이 정확하지 않다.

실제 일원동에 사는 성민이는 세 살이 되었는데 그 또래 아이들이 구사하는 언어를 제대로 표현하지 못한다. 엄마나 아빠를 부를 때도 발음이 정확하지 않으며, 문장도 정확하게 이야기하지 못하는 편이다. 함께 생활하는 엄마는 성민이의 이야기를 이해할 수 있지만, 다른 사람들은 주의를 기울여야 무슨 이야기를 하는지 알 수 있다.

성민이 엄마는 걱정스럽기도 했지만 주변 사람들이 남자 아이는 보통 여자 아이에 비해 말 배우는 속도가 느리다고 하여 '말문이 늦게 터지는 아이'라고만 생각했다. 그런데 성민이가 TV로 만화를 볼 때도 바짝 붙어서 보고, 놀고 있을 때 이름을 불러도 대답하지 않을 때가 있어 검사를 해보니 청력에 문제가 있었던 것이다.

성민이의 예처럼 주변 사물에 관심을 갖고 언어를 배워나가는 3세 전후에 일어나는 청력 장애는 언어 발달에 심각한 문제를 일으킬 수 있다. 아이에 따라 언어 발달 자체가 늦을 수도 있지만 잘 들리지 않아 발달이 늦을 수 있으므로 월령에 따른 언어 발달 과정과 비교해본다.

9개월	아이가 간단한 말을 이해하기 시작한다. 태어난 이후 반복해서 듣게 되는 엄마, 아빠와 같이 쉽고 간단한 말을 이해한다.
10개월	옹알이 시기. 정확한 의미는 알 수 없지만 웅얼거리는 소리가 마치 말처럼 들린다.
12개월	하나 또는 그 이상의 단어를 말한다.
18개월	20~50개 정도의 단어를 말하고 간단한 문장을 말하기도 한다. 아이에게 익숙한 장난감이나 물건을 가져오라고 이야기하면 알아듣는다.
24개월	150개 이상의 단어를 사용하며 두 단어로 연결된 문장을 말한다. 그림책을 읽어주면 집중해서 소리를 들을 수 있다.
3~5세	1000 단어 이상을 사용하며 복잡한 문장을 사용한다. 다른 사람이 하는 이야기를 대부분 이해할 수 있으며, 자신이 원하는 것이나 감정을 표현한다. 주변의 사물에 대해 다양한 질문을 한다.

엄마 깜냥으로 알아보는 청력 이상

청력 손실은 점진적으로 오기 때문에 쉽게 파악하기 힘들다는 문제가 있다. 소리가 들리지 않아도 입 모양으로 말을 알아들을 수 있기 때문에 엄마가 알아채지 못할 수도 있다. 뭔가 미심쩍다면 엄마가 간단하게 우리 아이의 청력을 테스트해 볼 수 있다. 소리가 나는 위치를 제대로 파악하는지를 알아보는 방법이다.

◉ 1세 미만의 영아 테스트

5~6개월 정도가 되면 아이가 주변 소리에 어떻게 반응하는지를 파악할 수 있다. 평소에 아이의 움직임을 적극적으로 살펴본다. 다음과 같이 반응을 하면 괜찮지만, 그렇지 않다면 청력 검사를 받아야 한다.

1　장난감 자동차나 방울에서 나는 소리에 관심을 갖는다.

2　사람들이 움직이는 소리나 문 여닫는 소리에 반응을 보인다.

3　옹알이를 한다.

4　엄마의 목소리가 나는 쪽으로 움직인다.

5　큰 소리가 나면 놀라고 울기도 한다.

◉ 2세 이상의 아이 테스트

언어가 발달하는 시기의 아이들이니 만큼 엄마의 말을 얼마나 알아듣는지, 따라하는지에 중점을 두어 테스트해본다.

1　장난감 자동차를 가져오라고 하면 가져온다.

2　엄마가 이름을 부르면 바로 돌아본다.

3　엄마의 말을 따라한다.

4　또래 아이들과 비슷한 정도의 언어를 구사한다.

5　TV에 바짝 붙어 지나치게 크게 듣지 않는다.

◉ 의심되면 청력 검사 바로 받아라

엄마가 평소에 주의 깊게 관찰해보고 아이의 청력이 의심된다면 바로 청력 검사를 받도록 한다. 유아기의 난청은 언어 발달뿐 아니라 주의력결핍과 과잉행동장애, 학습장애를 유발할 수 있으므로 주의해야 한다. 요즘은 신생아도 청력을 검사할 수 있으므로 걱정하지 않아도 된다. 특히 난청이 의심되는 위험군은 반드시 아이가 태어난 후 3개월이 되기 전에 이비인후과에서 검사를 받도록 한다.

1	가족 중에 청력 장애가 있는 사람이 있다.
2	엄마가 임신 중에 감기를 앓았거나 풍진과 같은 감염성 질환을 앓은 적이 있다.
3	엄마가 아기를 낳을 때 난산이었거나 분만 시간이 오래 걸렸다.
4	미숙아나 1.5kg 이하의 저체중아로 태어났다.
5	아기가 태어난 후에 뇌막염이나 성홍열에 걸린 적이 있다.
6	출생 시 몸의 다른 부분에 기형이 있었다.

신생아의 난청은 얼마나 빨리 발견하고 치료하느냐에 따라 성과가 달라진다. 뇌에서 청각과 관련된 부분의 발달이 대부분 1~2세에 끝나기 때문이다. 빨리 발견하여 청력을 담당하는 뇌가 발달할 수 있도록 해주어야 인지 능력이 발달하고 사회성도 발달할 수 있는 것이다.

유아의 경우 약간 소리가 들리지 않을 때 아이 스스로 판단하기 힘들기 때문에 심하게 진행될 수 있다. 따라서 특별히 이상이 없어도 정기적인 검사가 필요하며, 특히 학교에 가기 전에는 반드시 검사가 필요하다.

이때 중이염과 같은 원인에 의해 소리가 잘 들리지 않는 경우는 대부분 항생제 복용으로 치료가 가능하기 때문에 걱정하지 않아도 된다.

◉ 좋은 습관으로 청력 장애 걱정 끝!

선천적으로 청력에 문제가 있는 경우가 아니라면 대부분 생활을 하면서 주의를 기울이지 않아 청력이 손실된다. 따라서 올바른 생활습관을 들여 우리 아이의 청력이 손실되지 않도록 예방하자.

◉ 귀에 물이 들어가지 않도록 한다

아이들은 물에서 노는 것을 좋아하기 때문에 귀에 물이 들어갈 수 있다. 이때 물을 억지로 빼내려고 하지 말고 귀를 기울여 자연스럽게 흘러나오도록 한다. 그리고 소독 면봉을 넣어 물을 빼내도록 한다. 목욕을 할 때도 귀에 물이 들어가지 않도록 목욕용 모자를 씌우는 것이 좋다.

◉ 귀지는 파지 않는다

귀지가 아무리 많아도 소리가 들리지 않는 경우는 없다. 엄마의 습관대로 귀지가 많다고 억지로 귀이개로 파내려고 애쓰지 말아야 한다. 잘못 건드려 염증이 생긴 채로 방치하면 귀가 잘 들리지 않을 수 있다. 필요하다면 소아과나 이비인후과에 방문해 파내준다.

⊚ 이어폰을 오래 착용하지 않는다

이어폰으로 음악을 크게 오랫동안 들으면 귀가 나빠질 수 있다. 어린이가 이어폰을 오래 사용할 일은 많지 않지만, 이어폰을 낀 상태에서 컴퓨터 게임을 하기도 한다. 한번에 20분 이상 착용하지 않도록 하고, 가능하면 이어폰은 금지시키는 것이 좋다.

⊚ 코를 풀 때는 한쪽씩 푼다

아이가 감기에 걸렸을 때 답답하니까 코를 '킁'하고 풀 때가 있다. 이때 양쪽 코를 한꺼번에 풀면 압력이 갑자기 높아져 세균이 귀로 들어갈 수 있다. 아이가 코를 풀려고 하면 엄마가 옆에서 한쪽씩 풀도록 지도해준다.

⊚ 감기에 걸리지 않도록 한다

감기의 합병증으로 오는 중이염 때문에 귀가 나빠지는 경우가 많다. 따라서 아이가 평소에 감기에 걸리지 않도록 항상 주의를 기울인다. 또한 알레르기 비염이 중이염으로 발전할 수도 있으므로 알레르기 비염이 생기지 않도록 집 안 환경을 청결하게 하는 것도 중요하다.

우리 아이 건강은
정기검진에서 시작한다

 건강검진은 선택이 아닌 필수!

아이가 잔병치레를 많이 하거나 또래 아이들에 비해 발달이 늦으면 엄마는 걱정이 앞서는 것이 사실이다. 아이 키우는 엄마라면 한번쯤 겪어봄직한 심경이다. 그렇다면 우리 아이가 정상적으로 성장하고 있는지, 건강하게 잘 자라고 있는지 궁금증을 단번에 해결할 방법은 없을까?

우리 아이의 치아, 시력, 청력을 비롯해 신체적인 발달, 정신적인 발달이 정상적으로 이루어지고 있는지 알아보는 방법이 있다. 바로 어린이 건강검진이다. 어린이를 대상으로 종합적인 건강검진을 실시할 필요성이 제기된 지는 얼마 되지 않았는데, 최근의 환경 변화와 밀접하게 연결된다.

요즘 아이들은 예전에 비해 고지방, 고칼로리, 고단백 음식을 섭취하면서 예전에는 상상도 하지 못했던 성인병에 무방비 상태로 노출되어 있으며, 인스턴트 음식을 비롯한 식품 첨가물 등 어린이 성장, 발달에 나쁜 영향을 미치는 환경 속에서 자라다보니 원인을 정확하게 규명할 수 없는 무수한 질병으로부터 위협받고 있다.

따라서 성인이 되어 여러 가지 질병을 예방하기 위한 건강검진을 받는 것도 중요하지만 아이의 평생 건강을 좌우하는 시기에 건강검진을 받는 것도 무척이나 중요하다. 특히 어린이는 스스로의 몸 상태를 잘 모르는 경우가 많기 때문에 정기적인 건강검진이 더욱 필요하다.

엄마들이 아이들의 행동 상태를 체크하고 약간이라도 의심이 들면 하루라도 빨리 건강검진을 받는 것이 좋다. 겉으로 보기에는 단순한 행동일 수 있지만, 검사를 해보면 그만한 원인이 드러날 수 있기 때문이다. 금호동에 사는 여섯 살 미소는 소극적이고 평소에 잘 움직이지 않으려고 해서 엄마의 손에 이끌려 병원에 왔다. 검사를 해보니 미소가 그런 행동을 할 수밖에 없었던 것은 빈혈 때문이었다. 미소는 조금만 움직여도 어지러우니까 운동을 하거나 활발하게 움직이는 것을 싫어했던 것이다.

네 살 승민이는 또래 아이들에 비해 말이 늦어서 찾아온 경우인데, 검사를 해보니 구강장애가 원인이었다. 세 살 호진이는 다른 아이들보다 신체발달과 인지발달이 늦은 발달장애 증세가 있어 진료를 해보니 청력이 떨어져 전반적인 발달이 늦었던 것이다.

이처럼 어린이 건강검진은 신체적, 정신적 질병을 미리 체크하고, 조기에 미리 치료하는 것에 목적이 있다. 어릴 때 발견하면 치료가 가능한데 그 시기를 놓쳐 영구적으로 문제가 되지 않도록 예방하는 것이다.

무엇을 검사할지 미리 알아보자

어린이의 건강검진 목적은 성인과는 사뭇 다르다. 성인 건강검진이 질병을 파악함으로써 예방하는 부분에 초점을 맞춘다면 어린이 건강검진은 몸무게, 키와 같은 체격을 측정하여 정상적으로 성장하고 있는지, 또래 친구들에 비해 신체적, 정신적으로 균형 있게 성장하고 있는지에 초점을 맞춘다.

따라서 어린이 건강검진은 크게 신체적인 부분과 정신적인 부분으로 나뉜다. 신체적으로는 식생활 조사를 통해 골고루 영양을 섭취하고 있는지, 정상적으로 성장하고 있는지, 특별한 질병은 없는지를 알아보고, 정신적으로는 학습능력을 검사하여 또래 집단에 비해 인지발달이 되고 있는지, 심리적으로 안정된 상태인지를 파악한다. 이렇게 신체적, 심리적 상태를 고르게 분석하여 앞으로 성장 방향을 제시하는 것이다.

어린이 건강검진 때 받는 검사 내용

소변 검사, 혈액형 검사	건강검진의 기본 검사이다.
키, 몸무게 측정	우리 아이가 정상적으로 성장하고 있는지 알아본다.
시력 측정	시력에 문제가 있는지 여부를 검사한다.
청력 측정	선천적으로 청력에 문제가 없는지, 중이염 등에 의해 청력 장애가 있는지 여부를 확인한다.
혈액 검사	소아의 성장기에 일어나기 쉬운 빈혈이 있는지 체크한다.
성장판 검사	성장에 중요한 역할을 하는 성장판이 열려 있는지를 확인한다.
폐 검사	가슴 사진으로 결핵이 있는지 확인한다.
부비동 촬영	알레르기 비염과 함께 동반되는 축농증 유무를 확인한다.
자폐증 검사	엄마와 눈을 맞추지 않거나 외부의 자극에 반응을 하지 않는다면 검사가 필요하다.
ADHD 검사	일명 '주의력결핍 과다행동장애'라고 하는데 평소 산만하고 집중력이 떨어지는 아이는 검사가 필요하다.

이외에도 성장 호르몬이 정상적으로 분비되고 있는지를 알아보는 성장 호르몬 검사, 알레르기 검사, 비만 여부를 판단하는 비만도 검사, 간염이 있는지를 판단하는 간염 검사 등을 선택적으로 한다. 기본 검사를 받고 아이의 상태에 따라 적합한 검사가 무엇인지를 파악해서 추가로 검사하는 것이다.

Dr Kim 클리닉　영유아기에 생기는 발달장애 주의하라

발달장애는 아이의 나이에 맞게 신체적, 정신적으로 발달하지 않은 상태를 말한다. 보통 아이가 또래 아이들보다 25% 정도 뒤져 있으면 발달장애라고 보는데, 영유아기에 나타나는 발달장애로는 자폐증, 주의력결핍 과다행동장애를 들 수 있다.

자폐증

영유아기에 발병하는 발달장애로 다른 사람과의 의사소통에 심각한 문제가 있고, 사회성 발달에 문제가 있고, 행동장애를 특징으로 한다. 다른 사람과 상호 관계를 형성하지 못하며 대화에 참여하지도 못하고, 같은 행동과 말을 반복해서 하는 경향이 있다. 자폐증도 다른 소아 질병과 마찬가지로 조기에 발견하여 치료해야 효과가 있으며, 상당히 오랜 시간과 노력이 필요하므로 장기적인 치료 계획이 필요하다.

주의력결핍 과다행동장애

집중력이 떨어지고 행동이 충동적이며 기억력이 또래에 비해 떨어지는 편이다. 그래서 이 장애가 있는 아이들은 학습능력과 언어능력이 부족하다. 보통 3세 이전부터 증세가 있지만 집중적으로 학습을 하는 시기에 정확하게 판단을 할 수 있으며, 점차 나이가 들면서 좋아지는 경우가 있고 15% 정도는 성인이 되어서도 그 증세를 나타낸다. 이 장애가 있는 아이들은 대부분 공격적인 성향을 갖고 있어서 친구들과 좋은 관계를 유지하기 힘들고 사회성이 떨어지기 때문에 지속적으로 심리치료, 놀이치료, 미술치료를 통해 치료해 나가야 한다.

 성장기 건강검진 3번은 꼭 받자

건강검진의 주기를 어떻게 하는 것이 좋을까? 보통 어린이 건강검진은 특별한 이상이 없어도 1년에 한 번 정도를 권장한다. 소중한 우리 아이들이 큰 질병에 걸리지 않도록 예방한다는 차원에서 생각하면 그 정도의 비용은 결코 아깝지 않다.

그러나 다르게 생각하면 특별히 이상 징후가 없는 상태에서 정기적으로 건강검진을 받는다는 것이 어렵게 느껴질 수 있다. 결국 엄마의 선택에 달려 있는데 1년에 한 번 정기적으로 건강검진을 받기 어렵다면 다음과 같은 원칙을 기억하도록 하자.

◉ 첫째, 성장기 전환점에 받는다

건강검진은 종합선물세트처럼 여러 가지 검사를 한꺼번에 받아 전반적으로 아이가 정상적인 성장을 하는지를 알아볼 수 있는 장점이 있다. 어떤 문제가 있으면 원인을 파악하여 치료 프로그램을 세우기도 용이하다. 따라서 매년 종합적인 건강검진을 받기 힘들다면 3번 정도의 건강검진을 계획한다.

아이는 성인이 될 때까지 지속적으로 성장하지만 질적으로 성장하는 전환점이 있다. 3세 전후, 6세 전후, 13세 전후이다. 3세는 언어적, 사회적인 발달이 이루어지는 시기이므로 정상적으로 발달하고 있는지 확인해야 하며, 6세에는 초등학교 입학을 앞두고 학교생활에 잘 적응할 수 있는 사회적, 신체적 발달이 이루어졌는지에 초점을 맞춘다. 사춘기에 접어든 청소년기에는 2차 성징이 나타나는 시기이니만큼 정서적, 신체적으로 정상적으로 성장하고 있는지 알아본다.

성장기 전환점에 받는 건강검진

3세 전후	발달 검사를 포함한 신체적, 정서적 검사
6세 전후	사회성 검사를 포함한 신체적, 정서적 검사
13세 전후	2차 성징 검사를 포함한 신체적, 정서적 검사

◉ 둘째, 건강검진 받지 못하면 엄마가 챙기자

아기가 태어나고 12개월까지는 예방 접종을 맞히기 위해 한두 달에 한 번씩 병원에 방문한다. 이때는 아기의 성장 상태를 쉽게 파악할 수 있다. 아기수첩에 아기의 키와 몸무게를 기록하여 평균 키와 몸무게를 비교해볼 수 있으며, 질병이 있는지도 파악하기가 쉽다. 그러나 그 이후에는 정기적으로 병원에 방문하지 않다

보니 자칫 검사 시기를 놓칠 수 있다. 시기별로 여러 가지 검사가 있는데, 특히 엄마가 중점을 두고 검사해야 할 항목은 다음과 같다.

엄마가 검사해야 할 내용	
2세 전후	제대로 이가 나오고 있는지 충치가 있는지 치아 검진을 시작한다.
3세 전후	언어 발달의 중요한 시기인 만큼 청력이 정상인지 알아본다.
4세 전후	원시, 근시, 난시, 약시 등 시력이 정상인지 알아본다.
6세 전후	초등학교 입학을 앞두고 있는 만큼 단체 생활에 잘 적응할 수 있는지 정서적, 심리적인 검사에 초점을 맞춘다. 예를 들어 자폐증 검사, 정신 장애, ADHD 검사를 한다.
13세 전후	아이가 청소년기에 접어드는 시기인 만큼 여자 아이는 초경을 적당한 시기에 시작하는지, 남자 아이는 외성기 검사 등을 한다.

◉ 셋째, 동네 소아과 선생님을 주치의로 만들어라

정기적인 건강검진도 중요하지만 평소 아이의 상태를 꾸준히 관찰하는 것도 무척 중요하다. 태어난 이후 아이의 성장 과정을 지속적으로 지켜봐온 동네 소아과 의사 선생님이 더욱 아이의 상태를 잘 알 수 있다. 따라서 아이가 정상적으로 성장하고 있는지, 특별한 질병이 없는지를 지속적으로 체크할 수 있도록 장기적인 안목을 갖고 소아과를 방문하는 것이 좋다. 괜스레 이 병원, 저 병원으로 옮겨 다니면 아이 상태를 잘 알기 힘들다. 동네 소아과 의사 선생님을 아이의 주치의로 만들어 질병을 체크하고, 예방하는 지혜가 필요하다.

6세 이전 예방접종 수시로 체크하라

예방접종을 하는 이유는 인체에 백신을 주사함으로써 면역력을 갖게 하여 감염성 질병을 예방하기 위해서이다. 특히 질병에 감염되기 쉬운 아이들에게 예방 차원에서 반드시 필요하며, 특히 나라에서 정한 필수예방접종은 반드시 맞아야 한다.

6세 이전까지는 많은 예방접종을 해야 하는데, 대부분은 돌이 되기 전에 맞아야 하고 이후에는 1년에 한두 번 챙겨서 맞으면 된다. 엄마가 깜박 잊어버려 접종 시기를 놓칠 수도 있는데, 이런 경우는 의사 선생님과 상의하여 스케줄을 다시 잡으면 된다. 가능하면 잊지 않도록 예방접종 표를 프린트하여 붙여놓고 챙기도록 한다.

나라에서 정한 필수 예방접종은 아이들에게 감염되기 쉬운 질병을 예방하기 위한 백신들이다. 병원에 가면 의사 선생님이 알아서 접종해 주지만 몇 번에 걸쳐 접종을 하는지 알아두는 것이 좋다.

 Dr Kim 클리닉 **생백신은 뭐고 사백신은 뭐지?**

생백신은 병원체의 독성을 약화시켜 몸속에 증식하게 하여 면역력을 갖게 하는 것으로 면역력이 높은 특징이 있다. 면역 효과가 오랫동안 지속되지만 잘못하면 독성 때문에 부작용이 일어날 수 있다. 홍역, 수두, 볼거리, 풍진, 소아마비, BCG 백신이 있다. 반면 사백신은 비활성화된 병원체로 제조한 것으로 몸속에서 증식하지 않기 때문에 생백신에 비해 많은 양을 여러 번 접종해야 한다.

B형 간염, 일본뇌염, 인플루엔자, 디프테리아, 파상풍, 백일해(DTaP)가 있다.

0~1	주	B형 간염
0~4	주	BCG (결핵)
1	개월	B형 간염
2	개월	DTaP(디프테리아/파상풍/백일해) 폴리오(소아마비) Hib (B형 헤모필루스 인플루엔자 뇌수막염)
4	개월	DTaP, 소아마비, Hib
6	개월	DTaP, 소아마비, B형 간염, Hib
12~15	개월	MMR (홍역/유행성이하선염/볼거리)
15	개월	Hib
15~18	개월	DTaP
12~24	개월	일본뇌염
24~36	개월	일본뇌염
4~6	세	DTaP, 소아마비, MMR
6	세	일본뇌염
12	세	일본뇌염

예방접종 스케줄표

구분	대상전염병	백신종류 및 방법	0개월	1개월	2개월	4개월	6개월	12개월	15개월	18개월	24개월	36개월	만4세	만6세	만11세	만12세
국가필수예방접종	결핵	BCG(피내용)	1회													
	B형 간염	HepB(0-1-6개월)	1차	2차			3차									
	디프테리아 파상풍 백일해	DTap			1차	2차	3차			추4				추5		
		Td(성인용)													추6	
	폴리오	IPV(사백신)			1차	2차	3차							추4		
	홍역 유행성이하선염 풍진	MMR						1차						추2		
	일본뇌염	JEV(사백신)								1차~2차		3차		추4		추5
	수두	Var						1차								
	인플루엔자	Flu									매년 1회					
	장티푸스	(경구용)												경구용		
		(주사용)											주사용			
	신증후군출혈열	(주사용)								고위험군에 한하여 접종						
기타예방접종	결핵	BCG(경피용)	1회													
	일본뇌염	JEV(생백신)								1차	2차	3차				
	B형 헤모필루스 인플루엔자 뇌수막염	Hib			1차	2차	3차	4차								
	A형간염	HepA								1차~2차						
	폐구균	PCV			1차	2차	3차	4차								

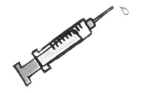

 꼭 맞아야 하는 예방접종

◉ B형 간염 주사

아기가 태어나서 처음으로 맞는 주사로 반드시 1개월, 6개월에 추가 접종을 하여 총 3회 맞힌다.

◉ 결핵예방주사 BCG

예방 접종의 기본 항목으로 1번 접종을 하면 10년 이상의 효과가 있으나 완전하게 예방을 하지는 못한다. 태어난 이후 4주 이내에 맞힌다.

◉ 디프테리아, 백일해, 파상풍 주사 DTaP

3종류의 백신을 함께 접종하는 것으로 한 번에 면역력이 생기지 않아 총 5번을 맞힌다. 태어난 후 2개월, 4개월, 6개월에 연달아 3번 맞히고, 15개월과 4~6세에 추가 접종을 한다. 접종을 한 후 열이 날 수 있는데 계속 지속되면 접종으로 인한 열일 가능성이 있으므로 병원에 방문하도록 한다.

◉ 홍역, 유행성 이하선염(볼거리), 풍진 주사 MMR

3가지 질병을 예방하는 백신으로 홍역, 볼거리, 풍진은 그 자체로 심각한 질병이며 다른 합병증을 유발할 수 있으므로 반드시 접종해야 한다. 12~15개월에 1차 접종하고, 4세~6세에 추가 접종을 한다.

◉ 폴리오(소아마비) 주사

주사약이나 입으로 먹는 경구용으로 접종할 수 있으며, 총 4회 접종한다. 태어난 후 2개월, 4개월, 6개월 연달아 3번에 걸쳐 접종하고, 4~6세에 추가 접종한다.

선택 가능한 예방접종

수두는 기본적인 접종에 포함되지 않으나 반드시 필요하며, 이외에 B형 헤모필루스 인플루엔자 뇌수막염을 예방하는 Hib은 반드시 필요한 접종이다. 이외에도 폐구균, A형 간염, 독감 예방 주사도 고려한다.

특히 독감 예방접종은 2세 미만의 아이들에게 필수 예방접종으로 독감을 가볍게 보면 큰코다치기 쉽다. 독감을 심한 감기라고 생각하기 쉽지만 그렇지 않다. 독감은 일반 감기와는 원인이 되는 바이러스가 다른 질병으로 39도 이상의 고열에 시달리게 되고, 중이염, 기관지염, 폐렴과 같은 합병증을 유발할 수 있으므로 조심해야 한다. 독감 예방 주사는 이러한 독감을 예방해주며 보통 9~10월에 맞는 것이 좋다. 특히 12개월 미만의 영아의 경우 독감에 걸리면 폐렴으로 진행될 수 있으므로 예방접종을 맞혀야 한다. 처음 독감 예방접종을 할 때는 1개월 간격으로 두 번 맞히고, 그 이후에는 1년에 한 번씩 접종하면 된다.

예방접종 후 이 점을 주의하라

예방접종을 할 때 잊지 말아야 할 것은 아기수첩이다. 최근에는 입학할 때 초등학교에 예방접종 확인서를 제출해야 하므로 접종할 때마다 아기 수첩에 반드시 기록해야 한다. 그리고 예방접종을 하러 갈 때는 아이의 상태를 잘 관찰해야 한다. 아기에게 열이 있는지를 확인하고, 열이 있으면 의사 선생님과 상의하여 늦추는 것이 좋다.

1	접종 후에는 접종한 부위를 5분 이상 충분히 문질러 준다. 바로 집으로 가지 말고 병원에서 20분 정도 관찰한 후 이상이 없다는 것을 확인한다.
2	오전에 예방접종을 하는 것이 좋으며, 집에 돌아와서는 아이가 무리하지 않도록 배려하며 편안하게 쉴 수 있도록 해준다.
3	접종한 당일에는 목욕을 하지 않고 접종한 부위를 청결하게 해준다.
4	40도 이상의 열이 나거나 48시간 이상 열이 내리지 않을 때, 접종한 부위가 부어오르면 병원에 방문한다.

PART
3

키 쑥쑥 자라는
아이 만들기

•• 아이 키를 키우려면 어떻게 해야 할까? 성장기 아이를 둔 엄마들이 가장 궁금해 하는 사항 중 하나이다. 그러다보니 방법론도 다양하다. 칼슘을 먹어야 한다, 우유를 많이 마셔야 한다, 운동을 열심히 해야 한다, 운동 중에서도 성장판을 자극하는 줄넘기를 하면 좋다 등과 같이 가장 전통적인 방법론이 있는가 하면, 요즘 들어서는 10cm 정도는 문제없이 키울 수 있다는 성장 호르몬 요법이 새로운 방법론으로 관심을 받고 있다.

•• 정말 우리 아이 키를 키우려면 어떻게 해야 할까? 사실 도깨비 방망이처럼 뚝딱 키를 크게 하는 방법은 없다. 성장 호르몬 요법은 성인이 되었을 때 예상키가 지나치게 작을 경우, 성장 호르몬 부족으로 인한 성장이 더딘 경우 등 특별한 경우를 제외하고는 그리 권할 만한 방법은 아니다.
역시 키를 크게 하기 위해서는 전통적인 방법이 가장 좋은데, 가장 기본이 되는 원칙은 '잘 먹고, 잘 자고, 열심히 운동하는 것'이다. 이것이 무슨 방법일까 싶지만, 세 가지 원칙을 지키는 것이 생각만큼 쉽지는 않다.

•• 쑥쑥 자라기 위해서는 우선 단백질과 칼슘이 풍부한 음식을 골고루 잘 섭취해야 하는데, 아이가 편식이 심해서 음식을 고루 섭취하지 않는다면 어떻게 해야 할까? 또한 성장 호르몬 분비가 가장 왕성한 10시 이후에는 잠을 자야 하는데 아이가 야행성이라면 어떻게 해야 할까? 하루에 1시간 정도는 성장 호르몬 분비를 촉진시키는 운동을 하는 것이 좋은데 아이가 운동을 하지 않으려고 하면 어떻게 해야 할까? 이런 의문과 함께 키가 작은 아이를 둔 엄마들의 고민도 깊어만 가는데, 아이 키를 크게 하는 구체적이고 실천적인 노하우를 알아보자.

성장의 비밀을 캐내자

 엄마, 아빠 키로 알아보는 우리 아이 예상키

영민이는 다섯 살 여자 아이로 키가 98cm, 또래 친구들에 비해 10cm 정도 작은 편이다. 1개월 정도 일찍 태어나 몸무게도 적게 나가는 편으로 전체적으로 체구가 작다. 다른 아이에 비해 잔병치레를 많이 하는 것도 아니고 감기에 걸려 병원을 방문하는 정도이기 때문에 영민이 엄마는 특별히 걱정을 하지는 않았다고 한다. 그런데 다섯 살이 되었는데도 친구들의 몸무게나 키를 따라잡지 못하는 것을 보니 영민이에게 무슨 문제가 있는 것은 아닌가 덜컥 겁이 나 병원을 찾아온 것이다.

아이의 키가 순전히 엄마와 아빠의 유전적인 요인에 의해 결정된다고 가정했을 때 영민이가 성인이 되었을 때 예상키는 얼마일까? 보통 엄마와 아빠의 유전자를 절반씩 닮았다는 전제하에 다음과 같은 공식으로 예상키를 계산한다.

남자	(아버지의 키 + 어머니의 키 + 13) / 2
여자	(아버지의 키 + 어머니의 키 - 13) / 2

위에서 남자 아이의 경우 13을 더하는데 남자가 여자보다 평균적으로 13cm 정도 더 크기 때문이다. 이러한 방법은 유전적인 영향만을 고려해 계산하는 방법이므로 +10과 −10 정도의 오차를 감안해야 한다.

영민 엄마의 키는 158cm, 아빠의 키가 172cm라면, 영민이가 성인이 되었을 때의 키는 얼마일까 계산해보자.

영민이가 성인이 되었을 때의 예상 키	(172+158-13) / 2 = 158.5cm

공식대로 계산하면 영민이의 예상 키는 엄마와 비슷한 158.5cm이다. 엄마 세대에서는 158cm가 여자 평균 키에 근접하므로 작은 키는 아니지만, 모델처럼 늘씬한 다리와 큰 키를 자랑하는 영민이 세대에서 158.5cm 키는 작은 키이다. 오차를 감안해 최대치 10cm를 더해도 절대 큰 키가 아니다.

 키는 유전일까? 환경일까?

부모의 키가 작고 우리 아이가 성인이 되었을 때의 예상 키가 작다고 절망할 필요는 없다. 크게 자랄 수 있는 우수한 유전자를 물려받았어도 잘 먹지 않아 영양상태가 나쁘면 결국 작은 키가 되고, 크게 자랄 수 없는 유전자를 물려받았어도 환경적인 요인에 의해 얼마든지 성장할 수 있기 때문이다.

성장에 있어 부모로부터 받는 유전자의 영향은 대략 유전적인 요인 20~30%, 나머지는 영양, 운동, 생활환경 등에 의해 좌우된다. 전문가에 따라 유전적인 요소가 미치는 영향의 정도를 다르게 보기도 하지만 나머지 영양과 운동에 의해 성장이 좌우된다는 측면에서는 공통된 의견이다. 이외에도 최근에는 아이들이 어릴 때부터 스트레스에 많이 노출되어 있어서 스트레스를 잘 관리하는 것, 그리고 성장 호르몬 분비가 활발한 저녁 시간대에 충분한 숙면을 취하게 해주는 수면 관리만 잘해도 성장 가능성이 높다고 본다.

유전적인 원인이야 어쩔 수 없다 하더라도 나머지 운동과 영양섭취로 키를 키울 수 있다고 하면 그쪽에 신경을 쓰는 것이 좋지 않을까? 특히 나이가 6세 이전의 유아일수록 생활환경이 미치는 영향이 크므로 엄마가 얼마나 신경 쓰느냐에 따라 성장을 좌우할 수 있다.

# 매년 5cm 이상 자라야 정상이다

일생에서 키가 성장하는 시기를 보면, 6세 이전에 가장 큰 성장을 이룬다고 해도 과언이 아니다. 태어난 이후 첫 해와 두 번째 해에 급속히 성장한 이후에 꾸준히 자라 5세에는 약 100cm가 되어 태어났을 때의 두 배가 된다. 이때 성장을 방해하는 질병이 있거나 성장에 필요한 영양소를 골고루 섭취하지 못하면 정상적인 성장을 하기 어렵다.

따라서 우리 아이가 1년에 5cm 이상 자라지 않고, 또래 친구들보다 10cm 이상 작을 때, 100명 중 키 작은 순서로 3% 이내에 들 때는 성장장애를 의심해야 한다.

아이가 정상적으로 성장하고 있는지 알아보는 방법은 간단하다. 엄마가 정기적으로 키와 몸무게를 재는 것이다. 엄마가 키와 몸무게를 재어 표준치와 비교하여 혹시 우리 아이의 성장 속도에 문제가 있는지를 확인한다.

원칙은 '3개월에 한 번씩 정기적으로 키와 몸무게를 잰다'이지만 의무적으로 3개월에 한 번씩 키를 재려면 잊어버리기 쉽고 재미도 없다. 아이가 좋아할 만한 기린, 코끼리 등 동물 그림의 키재기 판을 벽에 붙이고, 마찬가지로 동물 그림이 있는 체중계를 갖추어놓고 놀이처럼 키와 몸무게를 재는 것이 재미있다.

키와 몸무게를 재서 기록하고, 월별 성장 그래프를 그려보는 것도 좋다. 형제, 자매가 있다면 이름을 적어놓고 그래프로 비교하면 경쟁심도 생기고 교육 효과도 있다. "우리 영민이가 일찍 자고 밥을 잘 먹으니까 쑥쑥 자랐나보다" 또는 "과자를 많이 먹지 않고 운동을 열심히 하니까 2cm나 자랐네"하고 칭찬해주면 아이는 자연스럽게 일찍 자고 밥을 잘 먹고 운동을 해야 키가 큰다는 것을 알게 되어 일석이조의 효과가 있는 셈이다. 또한 아이들에게 cm, m, kg의 개념과 숫자도 알려주는 기회가 된다.

아기는 엄마 뱃속에서 10개월 동안 무럭무럭 자라 50cm 키로 태어난다. 이후 아기는 태어난 첫해에 놀랍게도 1.5배인 25cm가 성장하여 75cm가 되고, 체중은 무려 3배 정도 늘어난다. 그 다음 1년 동안에는 약 12~13cm가 성장하여 88cm가 된다. 이때가 일생에서 가장 왕성하게 성장하는 시기로 제1급성장기라고 한다. 이후 청소년기 전까지는 완만한 성장 곡선을 긋는데 1년에 5~7cm 정도 자라면 정상이다.

다시 2차 성징이 나타나는 사춘기가 되면 급격한 성장이 일어나는데 남자 아이는 평균 12~13세, 여자 아이는 평균 11~12세에 사춘기에 접어든다. 이때는 1년에 8~10cm 정도 성장하여, 사춘기가 지나면 성장 속도가 급격하게 줄어들어 남자는 평균 20세, 여자는 평균 17세에 성인키가 된다.

발달 단계별 성장 속도

발달 단계	나이	키 성장
태아기	엄마 뱃속(10개월)	50cm
영아기	출생~만 1세	75cm
유아기	만 1~2세	88cm
소아기	만 2~7세	매년 6~7cm
아동기	만 7~11세	매년 5~6cm
청소년기	만 11~14세	매년 8~10cm
청년기	만 14~18세	매년 0~5cm

한국 소아의 표준 키(6~18세)

나이 (만 나이)	6	7	8	9	10	11	12	13	14	15	16	17	18
남아 (cm)	116	125	131	136	141	148	154	162	167	171	172	173	174
여아 (cm)	115	124	130	136	142	149	154	158	159	160	160	160	161

자료 : 대한소아과학회 2006

한국 소아의 표준 키와 표준 체중(출생~11세)

남 아		나 이	여 아	
체중(kg)	신장(cm)		체중(kg)	신장(cm)
3.40	50.8	출생시	3.30	50.1
4.56	55.2	1~2 개월	4.36	54.2
5.82	59.0	2~3 개월	5.49	58.0
6.81	62.5	3~4 개월	6.32	61.1
7.56	65.2	4~5 개월	7.09	63.8
7.93	66.8	5~6 개월	7.51	65.7
8.52	69.0	6~7 개월	7.95	67.5
8.74	70.4	7~8 개월	8.25	69.1
9.03	71.9	8~9 개월	8.48	70.5
9.42	73.5	9~10 개월	8.85	72.2
9.68	74.6	10~11 개월	9.24	73.5
9.77	76.5	11~12 개월	9.28	75.6
10.42	77.8	12~15 개월	10.01	76.9
11.00	80.1	15~18 개월	10.52	79.2
11.72	82.6	18~21 개월	11.23	81.8
12.30	85.1	21~24 개월	12.03	84.4
12.94	87.7	2~2.5년	12.51	87.0
14.08	92.2	2.5~3년	13.35	90.9
15.08	95.7	3~3.5년	14.16	94.2
15.94	99.8	3.5~4년	15.37	98.7
16.99	103.5	4~4.5년	16.43	102.1
17.98	106.6	4.5~5년	17.31	105.4
18.98	109.6	5~5.5년	18.43	108.6
20.15	112.9	5.5~6년	19.74	112.1
21.41	115.8	6~6.5년	20.68	114.7
22.57	118.5	6.5~7년	21.96	117.5
24.72	122.4	7~8년	23.55	121.1
27.63	127.5	8~9년	26.16	126.0
30.98	132.9	9~10년	29.97	132.2
34.47	137.8	10~11년	33.59	137.7
38.62	143.5	11~12년	37.79	144.2

자료 : 대한소아과학회 2002년

우리 아이 키는 정상일까?

 키 키우기의 시작, 아이 일상 기록하기

아이가 지나치게 작아 성장장애가 의심되는 경우가 아니라면 전문병원에 가지 않고도 얼마든지 무럭무럭 성장시킬 수 있다. 우선 아이가 잘 성장하기 위해서는 잘 먹고, 잘 자고, 정기적으로 운동하고, 스트레스를 많이 받지 않아야 한다. 그런데 아이가 어린이집을 가고 방과 후 활동을 하느라고 스트레스를 많이 받거나 식사를 꼬박꼬박 챙겨 먹지 못할 수도 있다.

평소 아이의 하루 일과에 대해 잘 알고 있다고 생각했던 엄마들도 공책에 기록하다보면 새로운 사실을 알게 된다. 우리 아이가 뛰어노는 시간이 너무 적다든가, 식사를 제대로 하지 않고 있다든가, 운동을 거의 하지 않는다든가, TV를 보거나 컴퓨터를 하는 시간이 너무 길다든가 하는 평가가 내려진다. 아이의 건강과 관련된 사항을 모두 꼼꼼하게 기록한

1	아침에 몇 시에 일어났나요?	
2	어린이집이나 방과 후 특활을 몇 시간 하였나요?	
3	방과 후에 어떤 놀이를 하였나요?	
4	의자에 앉을 때 바르게 앉았나요?	
5	오늘은 TV를 어느 정도 보았나요?	
6	컴퓨터 게임을 한 시간은 어느 정도인가요?	
7	낮잠을 잤나요. 어느 정도 잤나요?	
8	저녁에는 몇 시에 잠이 들었나요?	
9	오늘은 운동을 하였나요?	
10	어떤 운동을 하였나요?	
11	운동 시간은 몇 분 정도인가요?	
12	오늘은 아침, 점심, 저녁 식사를 하였나요?	
13	식사를 하지 않았다면 이유는 무엇인가요?	
14	식사로는 무엇을 먹었나요?	
15	식사를 할 때 TV를 보거나 책을 보았나요?	
16	간식은 몇 번 먹었나요. 어떤 음식을 먹었나요?	
17	인스턴트식품을 먹었나요. 무엇을 먹었나요?	

⋮

필요한 항목은 더 추가할 수 있다.

후에 부족한 부분을 집중적으로 개선해 나가는 방향으로 성장 프로그램을 구성해야 한다.

성장 프로그램은 아이의 현재 키와 체중을 재어 표준치와 비교해보고, 조금 작으면 정상적인 성장을 위해, 표준치라면 앞으로의 건강한 성장을 위해 반드시 필요하다. 일주일 정도 기록하는 것이 좋으나 직장에 다니는 엄마라면 하루, 이틀 정도의 관찰로 파악하자. 다음과 같은 항목 이외에도 필요하다고 생각되면 아이의 건강과 관련된 사항을 적는다.

 맞춤형 성장 프로그램 짜기

◉ 생활습관을 뜯어고쳐라

작은 생활습관을 개신해도 2~3cm 정도는 클 수 있다. 예를 들어, 일찍 자고 일찍 일어나는 습관을 들이고, 바른 자세로 앉는 것만으로도 숨어 있는 2~3cm를 찾을 수 있다. 그런데 생활습관은 단기간에 고치려고 하면 아이에게 스트레스를 줄 수 있으므로 장기간에 걸쳐 하나씩 고쳐나가는 형태로 진행하는 것이 좋다.

◉ 먹거리를 바꾸어라

아이가 질병이 있는 것도 아닌데 잘 자라지 않는다면 아이의 성장에 필요한 영양소를 골고루 섭취하고 있는지 의심해야 한다. 아이가 좋아하는 음식 위주로 식사를 하거나 간식으로 식사를 때우다보면 부족한 영양소가 생기게 된다. 아이의 세 끼 식사의 양과 음식을 살펴보고 부족한 부분을 보완해 나가야 한다.

◉ 쑥쑥 자라는 운동을 시켜라

운동이 부족하다는 판단이 들면 아이가 정기적으로 운동할 수 있는 환경을 만들어 주어야 한다. 그런데 아이가 스스로 '키가 무럭무럭 자라려면 운동을 해야 돼'라고 결심하기 힘듦으로 놀이처럼 재미있게 운동을 고르는 것이 좋다. 평소에 아이가 하고 싶어 했던 운동이 무엇인지를 귀담아 듣거나 의견을 물어보아 유도해준다.

Dr Kim 클리닉 성장에 관한 오해와 진실

성장 프로그램을 만들며 엄마들이 키에 대해 알고 있는 상식 중에서 잘못된 정보는 없는지 확인하고 넘어가자. 엄마들 사이에서는 성장이 중요한 화두가 되면서 키 크는 것에 대한 다양한 속설과 노하우가 범람한다. 맞는 이야기도 있지만, 오히려 혼돈을 일으키거나 착각하게 만들기도 한다. 엄마들이 알고 있는 상식 중에서 맞는 정보는 무엇이고 틀린 정보는 무엇일까?

칼슘제를 먹으면 키가 큰다?

칼슘제를 먹는다고 눈에 띄게 키가 크지는 않는다. 칼슘은 뼈를 튼튼하게 해주는 역할을 하기 때문에 어느 정도 성장에 도움을 주지만, 직접적으로 영향을 미치지는 않는다. 아이가 성장하기 위해서는 단백질, 칼슘, 비타민과 같은 영양군이 골고루 필요하기 때문에 영양의 균형이 더욱 중요하다. 또한 영양보조제는 말 그대로 보조제이므로 푸른 채소와 멸치 등을 통해 칼슘을 섭취하는 것이 이상적이다. 그러나 아이가 칼슘을 함유하고 있는 우유, 멸치, 야채를 싫어한다면 칼슘을 보충하기 위해 칼슘제를 먹인다. 이왕 칼슘제를 먹여야 한다면 칼슘의 흡수를 돕는 마그네슘과 비타민 D가 함께 함유되어 있는지 확인하여 선택한다.

탄산음료를 마시면 키가 크지 않는다?

탄산음료에 들어 있는 식품 첨가물 중에는 인산이라는 성분이 있는데, 인산은 키 크는데 중요한 영양소인 칼슘과 결합하여 몸 밖으로 배출되는 특성이 있다. 우유나 멸치를 통해 애써 섭취한 칼슘을 쓸모없게 만들어버려 키 크는 것을 방해하는 셈이다. 또한 탄산음료는 뼈를 약하게 하는 성분이 들어 있고 몸에 도움이 되는 영양분이 전혀 없다.

콩나물을 많이 먹으면 키가 큰다?

절반은 맞고, 절반은 맞지 않다. 콩나물에는 성장에 필요한 단백질과 무기질이 풍부해 성장에 도움이 되는 것은 사실이지만 과학적으로 콩나물을 먹으면 키가 큰다고 입증되지는 않는다. 다만 콩나물을 많이 먹으면서 다른 음식들도 잘 섭취할 것이라는 전제하에서 키가 큰다고 보는 것이다.

발이 크면 키가 큰다?

"손발이 크면 골격 뼈도 커지기 때문에 키가 크기 마련이다"라는 속설이 있는데 정말 그럴까? 반드시 비례하지는 않지만 어느 정도 근거가 있는 말이다. 성장기 아이의 손발을 엑스레이 사진으로 찍어보면 성장판을 볼 수 있는데, 이 성장판이 활발하게 움직이면 손과 발이 커진다. 따라서 성장의 균형을 이루는 다른 성장판도 활발하게 움직여 키가 클 것이라는 예측이 가능하기 때문에 손발이 크면 키도 클 것이라는 속설이 나오는 것이다.

쑥쑥 건강하게 자라는 생활습관 들이기

 생활습관 바꾸면 절반은 성공이다

엄마나 아빠의 키가 작은 사람은 걱정이 앞선다. 아이가 또래 친구보다 조금 작은 듯하면 자신을 닮아 작은가 싶고, 나중에 사회생활을 할 때 작은 키 때문에 콤플렉스를 느끼지 않을까 하는 걱정도 생긴다. 아이가 건강하게 성장하기를 바라는 부모의 마음을 모르지 않지만, 안타깝게도 걱정이 앞서다보니 생활 속에서 실천할 수 있는 일을 제쳐두고 '한 번에 몇 cm를 키워준다'는 광고에 솔깃해하는 경우가 많다. "아빠 키가 작아 걱정이에요. 요즘 10cm를 자라게 하는 성장 호르몬 주사가 있다던데 주사를 맞으면 키가 클까요?"라는 질문을 하는 것이다.

그런 광고가 마음 급한 엄마들에게는 매력적으로 와 닿기야 하겠지만, 일상생활 속에서 몇 가지 사항을 꾸준히 실천해도 아이 키는 충분히 자랄 수 있다. 성장을 좌우하는 요인으로 흔히 유전적인 요인 23%, 영양

31%, 운동 20%, 생활환경 16%, 기타 10%라고 한다. 유전에 의한 성장은 신의 의지이기 때문에 어쩔 수 없다고 하더라도 나머지 환경적인 요인은 노력에 따라 얼마든지 만들 수 있다.

유전적인 요인 23%를 제외한 나머지 77%는 생활습관에 따라 좌우된다는 의미이다. 예를 들어 일찍 자고 일찍 일어나기, 세 끼 식사 꼭 먹기, 성장을 방해하는 음식 먹지 않기, 일상생활에서 스트레스 줄이기, 바른 자세로 앉기, 아침저녁으로 기지개 펴기 등이다. 특히 일찍 자고 일찍 일어나는 습관, 스트레스 줄이기, 바른 자세로 생활하기는 성장을 좌우하는 호르몬 분비와 관련된 중요한 습관이므로 지속적인 학습 과정이 필요하다.

 ## 일찍 자는 아이가 키도 큰다

갓 태어난 아기들은 24시간 중에서 20시간 이상 잠을 자고, 1년, 2년 지날수록 잠자는 시간이 줄기는 하지만 유아들은 보통 하루에 12시간 이상 자는 것이 좋다. "우리 아이는 하루에 12시간 이상 잠을 자니까 괜찮겠네요"라고 말하는 엄마도 있지만 같은 12시간을 자더라도 밤 9시부터 12시간 자는 것과 새벽 1시부터 12시간 자는 것의 효과는 천지차이다.

아이의 키를 크게 하는 성장 호르몬은 잠이 든 후 1시간 후부터 활동을 시작하여 저녁 10시부터 새벽 2시까지 가장 활발하게 분비된다. 이 시간대에는 꼭 잠을 자야 잘 자랄 수 있는 셈이다. 새나라의 어린이만 일찍 자고 일찍 일어나야 하는 것이 아니라 키가 쑥쑥 자라려면 일찍 자고 일찍 일어나야 한다.

그런데 가족들이 전체적으로 늦게 자거나 직장에 다니는 엄마가 야행성이라면 아이의 잠자는 습관도 들쭉날쭉하기 쉽다. 어떻게 하면 아이가 일찍 자고 일찍 일어나게 할 수 있을까?

연령대별 권장 수면 시간

(단위: 시간)

연령	1주	1개월	1세	2세	4세	6세	10세	12세	사춘기
잠자는 시간	16~17	15~16	13~15	13	12	11	10	9	8~9

◉ 조용한 음악을 배경 삼아 동화책을 읽어준다

좀 더 놀다 자려는 아이와 재우려는 엄마가 실랑이를 벌이면 엄마도 피곤에 지쳐 화를 내기 쉽다. 그러나 자기 싫어하는 아이를 재우려고 윽박지르거나 불을 꺼버리면 잠에 대해 좋지 않은 감정을 갖는다. 아이에게 잠자는 과정이 즐겁고 편안한 일이라는 생각이 들도록 하는 것이 중요하다. 간접 조명을 켜놓고 조용한 클래식 음악을 틀어주거나 아이 옆에 누워 재미있는 옛날이야기나 동화책을 읽어주면 더욱 좋다.

◉ 따뜻한 물에 목욕하고 우유를 마신다

잠을 규칙적으로 자는 것 못지않게 숙면을 취하는 것이 중요하다. 성장 호르몬은 잠이 깊이 들수록 왕성하게 분비되기 때문이다. 아이가 밤에 깊이 자지 못하는 이유는 여러 가지이다. 낮에 아이를 흥분시키는 사건이 있었거나 오후 3시 이후에 낮잠을 잤기 때문일 수 있다. 이때는 잠자기 전에 정신적, 신체적 긴장을 풀어주는 것이 좋다. 미지근한 물에 목욕을 시키고, 낮에 무엇 때문에 힘들었는지 주의 깊게 들어주고, 따뜻한 우유 한 잔을 먹이자.

◉ 긴장감을 없애는 심호흡을 한다

아이가 자기 싫다고 떼를 쓰는 것은 아닌데 눈을 말똥말똥 뜨고 잠이 오지 않는다고 한다면 호흡법을 따라하도록 해보자. 요가의 호흡법인데 근육을 이완시켜주며 마음을 편안하게 해주는 효과가 있다. 눈을 감고 코로 숨을 깊이 들이 마시고, 다시 숨을 내쉬도록 한다. 이때 숨을 마실 때는 엄마가 "기쁘고 좋은 생각이 온몸으로 들어가고 있네"라고 이야기해주고, 숨을 내쉴 때는 "몸 안의 나쁜 생각, 나쁜 기운이 술술 빠져나가고 있네"라고 말해준다. 5회 정도 숨을 쉬노록 해주고, 마지막으로 "이제 우리 아기 행복하게 잘 수 있겠네. 행복한 꿈꾸자"라고 마무리를 해준다.

 행복해야 성장 호르몬도 분비된다

'만병의 근원은 마음이다'라는 이야기가 있다. 어린아이에게 무슨 걱정이 있고 스트레스가 있을까 생각하지만, 그건 어른들이 아이들의 생활을 이해하지 못해서 생기는 오해이다. 자신의 의사를 잘 표현하지 못하지만 아이들은 친구들과 놀고 경쟁하면서 어른들 못지않게 스트레스를 받고 있으며, 또한 부모들의 과도한 학구열 때문에 스트레스를 받는다.

아이가 스트레스를 받는다는 것은 뭔가 욕구 불만이 생겼다는 증거이다. 성장기의 아이에게 스트레스가 생기면 정서적으로 영향을 미쳐 산만해지거나 화를 내거나 짜증을 내기 쉽다. 또한 신체적으로도 영향을 미쳐 코를 찡긋거리거나 눈을 깜박이거나 손톱을 물어뜯기도 한다. 또한 스트레스 호르몬이 분비되고 성장 호르몬 분비를 방해하면서 성장 장애도 일으킨다. 아무리 균형있는 영양을 섭취하고 성장 치료를 해도 정신적으로 스트레스를 받으면 소용이 없다. 아이가 행복해야 엔도르핀이 솟아나고, 성장 호르몬 분비도 촉진된다.

아이가 스트레스를 받는 상황은 여러 가지이지만 대체적으로 유아기에 받는 스트레스는 다음과 같은 경우이다. 아이가 스트레스를 받는다고 생각되면 먼저 아이도 스트레스를 받을 수 있다는 사실을 이해하고 아이의 마음을 헤아려주는 말과 함께 따뜻하게 안아주는 것이 중요하다.

◉ 아이의 힘든 마음을 헤아린다

아이가 어린이집이나 놀이방에 다니기 시작하면서 짜증을 많이 내면 새로운 환경이 원인이 아닌지 의심한다. 새로운 환경에 적응하는 일은 누구에게나 힘들다. 아이도 낯선 곳에서 새로운 선생님과 친구를 만나 적응하느라고 힘들고 스트레스도 받는다. 우선 너무 일찍 교육기관에 보낸 것이 아닌지 살펴보고, 아이의 이야기에 귀 기울인다. "엄마도 새로운 곳에 가면 항상 힘이 들더라. 우리 아기도 어린이집에 처음 가서 힘들구나"라는 이야기로 아이 마음을 헤아려주고 무엇 때문에 힘든지도 들어준다.

◉ 동생의 육아에 참여시킨다

지금까지 없었던 동생이 태어난 것은 어린아이의 생활에 큰 변화를 가져다주며 굉장한 스트레스로 작용한다. 엄마의 사랑을 받지 못할 것이라는 불안감 때문에 짜증을 내거나 떼를 많이 쓰게 된다. 이때는 엄마도 새로 태어난 동생 때문에 힘들겠지만 아직 어린 동생은 많은 보살핌이 필요하다는 설명과 함께 아기 돌보는 데 참여하도록 유도한다. 또한 하루에 30분 정도의 시간이라도 동생을 아빠에게 맡기고 아이와 둘만의 시간을 가질 필요가 있다. 짧은 시간이지만 동생이 태어났어도 여전히 사랑받고 있다는 느낌이 들도록 충분히 안아주고 사랑한다는 이야기를 해주자.

◉ 어제보다 나아진 상태를 칭찬한다

아이가 공부 잘하기를 바라는 것이야 엄마들의 공통된 마음이다. 그러나 아이의 성장 단계와 상관없이 어려운 공부를 시키거나 지루하게 오랜 시간을 공부하도록 강요하면 스트레스를 받게 된다. 특히 아이가 잘 알아듣지 못한다고 큰소리로 야단치거나 화를 내면 아이가 '공부하는 시간은 바로 혼나는 시간'이라는 생각과 함께 두려움을 갖게 되거나 면역력이 생겨 그 시간만을 적당히 때우려고 한다. 따라서 공부하는 분량에 초점을 맞추거나 다른 아이와 비교하지 말고 우리 아이가 어제보다 나아졌다는 사실에 관심을 두고 "정말 잘 하는구나. 혼자서 해냈구나" 칭찬을 하여 자신감을 가질 수 있도록 한다. 칭찬은 고래도 춤추게 한다는 사실을 잊지 말자.

◉ 행동이 느려도 기다려준다

행동이 느린 아이와 성격이 급한 엄마. 갈등이 일어날 수밖에 없고 엄마의 화가 아이에게 전달되어 아이가 위축되기 쉽다. 식탁에서 1시간씩 밥을 먹는 아이, 30분씩 옷을 입는 아이를 지켜보면 엄마들이 속에서 불이 난다고 한다. 그렇다고 "빨리 빨리 하지 않고 뭐 해! 엄마가 너 때문에 미치겠다"라고 이야기하면 엄마 속은 풀릴지 모르지만 아이는 당혹스러워하고 스트레스를 받는다. 아이들을 엄마에게 맞추라고 하는 것은 무리다. 엄마가 아이를 믿고 기다려주는 자세를 갖고 반복해서 설명하는 것이 최선이다.

바른 자세로 숨어 있는 2cm를 찾아라

'허리를 곧게 펴고 앉아라' 혹은 '한쪽 다리를 올리지 마라'는 잔소리처럼 하지만 아이들은 귀담아 듣지 않으려고 한다. 그런데 바른 자세는 건강과 밀접하게 연결되어 있으며, 특히 성장기 어린이에게 더없이 중요한 습관이다.

아이가 일상생활 속에서 바르게 앉고, 바르게 서고, 바르게 잠을 자는가? 등을 구부정하게 구부리고 앉아 있는지, 고개를 숙이고 한쪽 다리에만 힘을 주고 서 있는지, 엎드리거나 한쪽으로 누워 잠을 자는지 살펴보자. 요즘 아이들은 일찍 컴퓨터를 접하면서 자신에게 맞지 않은 책상과 의자에 오랜 시간 앉아 있는 경우가 많고, TV를 접하는 시간이 많아지면서 나쁜 자세가 습관이 되는 경우가 많다.

바른 자세란 옆에서 볼 때 자연스러운 S 라인이 살아 있으면서 척추를 똑바로 세운 상태를 말한다. 바른 자세는 체중으로 인한 압력을 균형있게 분산시켜 척추의 휘어짐을 방지하고 척추 뼈마디 사이에 있는 디스크가 눌려 키가 줄어드는 것을 방지한다. 따라서 한창 자라는 아이들의 경우 바른 자세를 갖는 것만으로도 몇 cm를 키우는 효과를 볼 수 있다. 성인들도 마찬가지로 바른 자세를 유지하는 것만으로도 숨어있는 1~2cm를 찾는 것이 가능하다.

◉ 컴퓨터 게임 중간에 목 운동을 한다

컴퓨터 게임을 할 때 아이들의 모습을 보면 한결같이 목을 앞으로 쭉 빼고 등이 구부려져 있다. 게임에 집중해서 키보드를 치다보면 자연스럽게 그런 모습이 나오는 것이다. 컴퓨터 책상이 아이의 눈높이에 맞는지를 확인하고, 의자에 앉을 때는 엉덩이를 의자 깊숙이 붙이고 가슴을 펴도록 한다. 또한 발바닥 전체가 바닥에 닿도록 의자 높이를 조정해야 허리에 무리를 주지 않는다. 중간 중간 휴식을 취해 목을 앞뒤나 옆으로 가볍게 움직여 운동시켜 줄 필요가 있다.

◉ 가슴과 허리를 펴고 똑바로 선다

아이들에게 차렷을 시켜보면 허리는 구부정하고 고개는 한쪽으로 기울고 한쪽 다리에만 체중을 의지해 서는 경우가 많다. 이때는 고개는 똑바로 앞을 바라보도록 하고 가슴과 허리를 곧게 편 상태에서 서도록 교정해준다. 그런 자세에 익숙해지면 쉽게 고쳐지지 않는데, 그것은 그 자세가 편하기 때문이다. 다리를 꼬는 자세가 골반을 틀어지게 하고 척추를 휘어지게 한다는 사실을 알고 있음에도 불구하고 어느새 다리를 꼬고 있는 사람이 있다. 성인의 경우 나쁜 습관에 길들여진 시간이 그만큼 길기 때문에 고치기 어렵다. 따라서 어릴 때 바른 자세에 익숙해지도록 교정해주는 것이 좋다.

◉ 옆으로 눕지 말고 똑바로 누워 잔다

옆으로 누워서 자면 똑바로 누워서 자는 것보다 허리에 주는 압력이 3배에 달한다. 그만큼 허리에 무리를 주어 디스크가 눌리게 되는 것이다. 잠자는 습관을 바꾸기는 쉽지 않지만 아이가 똑바로 누워 잘 수 있도록 천장에 야광별을 붙여주는 것도 좋다. 만약 옆으로 누워 잠이 들었다면 엄마가 옆에서 똑바로 눕도록 자세를 교정해준다. 계속 자세를 교정해주면 언젠가는 익숙해져서 똑바로 자게 된다.

키 크게 하는 최고의 밥상 차리기

 먹지 않고는 클 수 없다

"아이가 먹지 않는데 억지로 먹일 수도 없고, 정말 걱정이에요."

윤서는 태어날 때 2.6kg으로 태어나 특별히 병이 있는 것은 아닌데, 또래 아이들보다 몸무게도 적게 나가고 키도 작은 편이다. 윤서 엄마의 하소연에 동감하는 엄마들이 있을 것이다. 하루 종일 밥그릇을 들고 다니며 쫓아다녀도 먹지 않겠다고 고개를 절레절레 흔드는 아이를 야단치기도 하고 맛있는 간식으로 유도하기도 하지만 결국 몇 숟가락 먹이지 못하고 좌절하기 일쑤이다. 잘 먹지 않는 아이를 먹게 만드는 특별한 엄마들만의 방법은 없을까? 또한 잘 크기 위해서는 어떤 음식을 먹어야 할까?

하지만 잘 먹지 않는 아이는 키가 클 수 없다. 성장을 좌우하는 요인 중에서 유전적인 요인 이외에 가장 많은 영향을 미치는 것은 영양 상태이다. 영양 불균형은 성장을 하지 못하게 할 뿐만 아니라 아이의 건강에도 나쁜 영향을 미친다.

아이가 잘 성장하지 못하는 이유는 두 가지로 하나는 아이가 잘 먹지 않으려고 하는 경우이다. 이런 아이들은 성격이 까다로운 편으로 먹는 양이 적고 음식을 가려먹고 병약하다. 또 하나는 성격이 까다로운 편도 아니고 먹는 것도 잘 먹는데 잘 자라지 않는 경우이다. 이때는 엄마가 아이에게 챙겨주는 식단을 살펴봐야 한다. 아이가 성장에 필요한 영양소를 골고루 섭취하고 있는지 체크해봐야 한다.

아이가 잘 먹지 않으려는 것을 식욕부진이라고 하는데 원인은 태어날 때부터 허약해 소화 기능이 약할 수 있고 다른 질병이 원인일 수 있다. 즉, 면역 기능이 약해서 아토피와 비염과 같은 알레르기 질환을 앓거나 잦은 감기를 앓아도 식욕이 없을 수 있다.

실제 아이가 감기에 걸리면 2주 정도 일시적으로 성장이 멈추는데, 마찬가지로 아토피, 비염과 같은 알레르기 질환에 걸리면 면역 기능을 만드는 데 많은 에너지를 소모하기 때문에 성장에 필요한 에너지를 만들지 못해 식욕 부진을 초래할 수 있다. 특히 아이가 태어난 이후 30개월까지는 급속한 성장을 이루는데 이때 병을 앓으면 성장하기 힘들다. 따라서 충분한 영양 섭취로 아이들이 잘 자랄 수 있도록 해주고 이 시기에 이러한 질병에 걸리지 않도록 조심해야 한다.

성장을 하지 않는 또 하나의 원인으로 불균형한 식단을 꼽을 수 있다. 이 경우는 엄마의 책임이 크다. 엄마가 아이의 성장을 고려하지 않고 어른들이 좋아하는 음식 위주로 식단을 구성한 경우이다. 아이는 성장에 필요한 양양소를 섭취할 기회를 놓치게 되고, 성인이 되어서는 골고루 음식을 먹지 않고 편식을 하는 식습관으로 나타나기 쉽다.

 Dr Kim 클리닉 **잘 먹지 않는 아이 달래는 노하우 5**

잘 먹지 않으려고 하는 아이들을 위해서는 엄마가 식사의 양보다 질에 신경을 많이 써야 한다. 예를 들어, 먹다 남은 음식이 있으면 버리고 새로 만들어 주고 아이가 식사에 흥미를 느낄 수 있는 요리를 다양하게 해준다. 또한 간식을 주는 시간과 양을 조절해서 식사를 제때에 맛있게 할 수 있도록 해주는 지혜도 필요하다. 특히 먹기 싫어하는 아이에게 억지로 식사를 강요하거나 혼을 내면 더욱 밥 먹는 시간을 싫어하게 되므로 주의한다.

첫째, 아이에게 꼭 맞는 숟가락을 준비한다

큰 그릇에 밥을 꾹꾹 담아 성인용 숟가락, 젓가락으로 아이에게 밥 먹으라고 하면 밥 양에 질리게 되고, 너무 큰 숟가락과 젓가락 때문에 음식도 제대로 먹을 수 없다. 식사에 흥미를 느끼도록 아이에게 맞는 예쁘고 특별한 식기 세트를 구입해 챙겨준다. 그릇을 살 때 아이와 함께 고른다면 더욱 애착이 생기게 된다.

둘째, 밥 먹기 싫어하면 기다려준다

밥 먹기 싫은 아이는 배가 아프다거나 화장실에 가고 싶다고 하면서 식사 시간을 피하려고 한다. 이럴 때 억지로 혼을 내서 식탁에 앉히는 것은 바람직하지 않다. 너무 강요하면 식사 시간을 불쾌하고 고통스러운 시간이라고 생각하기 때문에 점점 반항심이 커지고 더욱 먹지 않으려고 한다. 아이의 투정과 불만이 진정되기를 기다렸다가 다시 먹도록 유도하는 것이 좋다.

셋째, 먹을 음식의 양을 선택하게 한다

아이에게 먹고 싶은 음식을 묻지 말고 엄마가 먼저 먹어야 할 음식을 말한다. 대신 먹어야 할 양이나 형태를 아이가 스스로 선택할 수 있도록 해준다. 우유를 먹여야 한다면 "우유 먹자. 어느 컵에 먹을래?" 혹은 "한 컵 줄까? 반 컵만 줄까?" 혹은 "코코아 가루를 넣어 따뜻하게 데워줄까?"와 같이 선택해서 먹도록 해준다.

넷째, 알록달록한 요리를 준비한다

아이에게 너무 정직한 요리는 금물이다. 야채를 먹기 싫어하는 아이에게 시금치 무침이나 시래기 국을 주고 먹으라고 하면 모두 거부할 것이다. 야채가 포함되었다는 것을 느끼지 못하게 양파, 당근, 오이를 잘게 썰어 밥에 섞고, 볶음밥을 피자처럼 만들어 준다면 어떨까? 아이들은 알록달록한 색깔과 모양이 있는 이벤트 요리를 좋아한다는 것을 기억하자.

다섯째, 정해놓은 군것질만 준다

밥 먹기 싫어하는 아이들의 특징은 밥 먹기를 싫어하고 대신 초콜릿, 과자, 사탕과 같은 군것질을 많이 한다는 것이다. 수시로 과자를 먹게 되면 식사 시간에 입맛이 없고 식사를 하지 않게 되는 악순환을 거듭하게 된다. 하루에 먹는 과자의 양을 정해놓고, 그 한도 내에서만 허용하도록 한다.

 아이의 밥상을 개선하라

우리 아이의 식단을 한 번 체크해보자. 아침, 점심, 저녁으로 아이에게 챙겨준 음식은 무엇이며, 먹는 음식은 무엇인지 기록해보자.

Before **섭취 열량이 부족하고 영양소가 부족하다**

아침에 일어나 밥 먹기 싫다고 투정을 부리고, 아이가 먹지 않는다고 밥과 간단한 반찬 위주로 챙겨주다 보면 영양소가 절대적으로 부족해지기 쉽다.

매일 다음과 같은 형태로 식사를 한다고 가정해보자. 우리나라 3~5세 유아의 1일 권장량인 1400kcal, 6~8세의 1일 권장량인 1500kcal와 비교해 어느 정도 열량이 부족하고 어떤 영양소가 부족한지 알아보자.

아침	간식	점심	간식	저녁
우유 1/2컵 식빵 한 조각 60+100=160kcal	바나나 1개 100kcal	밥 1/3 비엔나소시지 2개 100+50 = 150kcal	청량음료 1병 고구마칩 1봉지 100+220=320kcal	밥 1/3 양념김 10장 100+60=160kcal

소아의 1일 권장량에 한참 못 미치는 900kcal 정도를 섭취하고 있으며, 그나마 아침을 먹지 않으면 더욱 섭취량이 줄어든다. 게다가 900kcal에서도 성장을 방해하는 음식인 청량음료와 과자가 차지하는 비중이 높고, 나머지 섭취하는 음식도 편중되어 있어 성장에 필요한 영양소가 절대적으로 부족하다.

우선은 음식의 종류를 다양하게 하여 영양소를 골고루 섭취할 수 있도록 하는 한편, 점점 음식의 양을 늘려나가는 형태가 바람직하다.

After 고단백 식사로 골고루 먹도록 한다

우선 세 끼 식사를 거르지 않는 것이 필요하다. 두뇌 발달을 위해서도 세 끼 식사를 규칙적으로 하는 것이 필요하며, 먹는 음식이 다양해져야 한다.

성장을 위해서는 5가지 영양소를 골고루 섭취해야 하지만, 특히 단백질은 성장 호르몬을 분비시키고 몸의 근육을 만드는 역할을 하므로 고단백 식사 위주로 하면서 뼈를 튼튼하게 하는 칼슘, 칼슘의 섭취를 도와주는 비타민과 무기질이 빠지지 않도록 구성한다. 아이가 먹지 않는다고 같은 반찬을 주기보다는 다양한 반찬을 준비해놓고 한 가지씩이라도 골고루 먹도록 유도한다.

아침	간식	점심	간식	저녁
잡곡밥 1/2 양념김 10장 두부 1/4	우유 1잔 바나나 1개	야채 넣은 볶음밥 1/2 접시	사과 1/2개 삶은 달걀 1개	잡곡밥 2/3 쇠고기 미역국 1/2 뱅어포구이 1/3 고등어조림 1/2
150+60+80= 290kcal	120+100= 220kcal	300kcal	75+150= 225kcal	150+37+40+90= 317kcal

콩을 넣은 잡곡밥을 먹으면 단백질을 자연스럽게 섭취할 수 있고, 나머지 콩, 두부, 미역, 고등어, 뱅어포를 통해 성장에 필요한 단백질과 칼

슘을 섭취할 수 있다. 또한 야채 볶음밥으로 자연스럽게 야채를 먹음으로써 단백질과 칼슘의 섭취를 도와주는 무기질을 섭취한다. 그런데 다시한 번 강조하지만 음식의 양을 맞추기 보다는 조금이라도 골고루 먹을 수 있도록 하며, 한꺼번에 먹기 힘들다면 몇 번에 나눠서 먹도록 한다.

고단백 식단으로 최고의 밥상을!

성장을 위해서는 탄수화물, 단백질, 지방, 비타민, 무기질, 섬유소 등 모든 영양소를 골고루 섭취해야 한다. 특히 한 가지를 고른다면 단백질이 풍부한 음식을 충분히 섭취하도록 식단을 구성하도록 한다. 어떤 음식을 할 것인가는 아이들의 기호를 고려해서 엄마가 재량껏 준비하면 되지만, 다음과 같은 재료가 항상 들어가도록 만든다.

◉ 성장하려면 이런 음식을 먹여라

성장을 위해서는 5가지 영양소를 골고루 섭취해야 하지만, 특히 단백질, 칼슘, 철분, 비타민이 포함된 음식이 성장에 도움이 되는 음식이다.

- 단백질이 풍부한 음식 : 성장에 꼭 필요한 단백질을 공급하는 음식군이다. 성장의 키워드는 성장 호르몬으로 이 호르몬이 분비되지 않으면 성장할 수 없다. 단백질은 성장 호르몬 분비를 촉진시키는 중요한 영양소로 어린이에게 근육과 피를 만들어준다.

※ 콩, 두유, 두부, 쇠고기, 돼지고기, 닭고기, 육류, 생선류, 어패류 등

• **칼슘이 풍부한 음식** : 다른 영양소가 성장을 도와주는 영양소라면 칼슘은 성장에 직접 영향을 끼치는 영양소이다. 특히 대부분의 영양소들은 음식에 골고루 들어있어서 가리지 않고 먹으면 섭취가 되는데 비해, 칼슘은 특정한 식품에 많이 함유되어 있다. 따라서 칼슘이 함유되어 있는 음식을 먹지 않으면 칼슘이 부족해 성장 장애를 일으킬 수 있다.

※ 우유, 미역, 다시마, 김, 파래, 멸치, 뱅어포, 빙어 등

• **비타민이 풍부한 음식** : 비타민은 단백질, 칼슘과 같은 영양소의 소화, 흡수를 도와주고 신체의 기능을 조절하는 역할을 한다. 특히 비타민 D는 칼슘의 흡수를 도와 뼈를 성장시키는 역할을 하기 때문에 이 영양소가 부족하면 뼈가 약해지기 쉽다.

※ 시금치, 당근, 호박, 김, 다시마, 미역, 표고버섯, 느타리버섯, 양송이버섯, 귤, 딸기 등

• **철분이 풍부한 음식** : 혈액 내에 있는 적혈구의 헤모글로빈을 만드는 역할을 하며, 부족하면 빈혈 등을 일으킬 수 있다.

※ 깻잎, 달걀, 소의 간, 치즈, 미역, 굴 등

◉ 전문가가 추천하는 고단백 요리

단백질 덩어리라 할 수 있는 대표적인 음식은 굴비로 100g에 44g이 단백질이다. 나머지 음식들도 단백질이 함유되어 있는 것 중에서 많은 순서로 나열하였다. 다음은 100g당 단백질이 10g 이상 함유된 고단백 음식으로 제일 마지막에 있는 강낭콩도 100g 중에서 10g이 단백질이다.

※ 굴비 〉 검정콩 〉 땅콩 〉 고등어 〉 정어리 〉 닭고기 〉 오징어 〉 꽁치 〉 쇠고기 〉 돼지고기 〉 갈치 〉 조기 〉 새우 〉 가공치즈 〉 멸치 〉 명태 〉 호두 〉 계란 〉 굴 〉 된장 〉 강낭콩

• 순두부찌개 : 조개 국물을 우려내어 순두부와 대파, 양파, 달걀을 넣어 끓인 순두부찌개는 풍부한 단백질과 비타민을 골고루 섭취할 수 있는 좋은 음식이다. 다만 아이들을 위해서는 고추나 고춧가루를 넣지 않고 소금으로 간을 하여 맵지 않게 끓이도록 한다.

① 조개를 씻어 소금물에 담가 두었다가 끓는 물에 데쳐낸다. 데쳐낸 물은 육수로 쓴다.
② 기름을 둘러 다진 마늘을 볶다가 육수물을 넣어 끓인다.
③ 육수물이 끓으면 조개를 넣고 소금으로 간을 한다.
④ 순두부를 먹을 만큼 넣고 끓인다.
⑤ 불에서 순두부찌개를 꺼내기 직전에 계란을 깨뜨려 넣는다.

• 야채 닭죽 : 단백질이 풍부한 닭고기와 비타민과 무기질이 풍부한 야채를 한꺼번에 먹을 수 있는 요리이다. 또한 부드러운 죽은 입맛이 없어 하는 아이에게 더없이 좋은 요리이다.

① 찹쌀을 깨끗하게 씻어 불린다.
② 닭살을 다듬어 물에 푹 삶아낸다. 삶아낸 물은 육수로 쓰고, 닭살은 잘게 찢어 놓는다.

③ 양파, 당근, 버섯 등 넣고 싶은 야채를 송송 잘게 썰어 놓는다.

④ 육수에 불린 찹쌀과 썰어 놓은 야채를 넣고 저어주며 끓인다.

⑤ 찢어 놓은 닭살을 넣고 은근한 불에 끓인 후에 소금으로 간을 한다.

- 야채 달걀찜 : 단백질이 풍부한 달걀과 비타민이 풍부한 당근, 양파를 재료로 삼아 만든 야채 달걀찜은 키 크는 데 정말 좋은 고단백 요리이다. 특히 물 대신에 평소에 준비해 둔 멸치 국물을 이용한다면 칼슘까지 섭취할 수 있어 일석이조의 효과가 있는 음식이다. 게다가 조리하기도 간단하여 아이가 달걀을 좋아한다면 쉽게 해줄 수 있어서 더욱 좋다.

① 물 한 컵에 달걀 하나를 풀어 소금으로 간을 한다.

② 당근과 양파, 파를 송송 썰어서 풀어놓은 달걀에 넣는다.

③ 전자레인지에서 익히거나 찜통에 넣어 15분 정도 찐다.

Dr Kim 클리닉 성장을 방해하는 음식군은?

어린이를 위해 음식을 준비하다 보면 성장을 돕는 음식이 있는 반면에 성장을 방해하는 음식들이 있다.

동물성 지방 비만을 초래해 성장을 방해한다.

탄산음료 성장에 필요한 칼슘의 흡수를 방해해 소변으로 나오게 만든다. 뼈가 약해지고 치아도 부식되기 쉽다.

당 당분을 많이 섭취하면 몸이 산성화되는데, 이때 산성화된 몸을 다시 중화시키기 위해서 많은 비타민이 필요하게 된다. 이 때문에 성장에 필요한 영양소가 부족하게 된다.

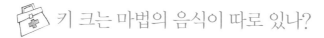 ## 키 크는 마법의 음식이 따로 있나?

"키를 크게 하는 특별한 음식이 없을까요?" 이런 질문을 하는 엄마들이 많다. 키를 쑥쑥 자라게 하는 음식이 있다면 좋겠지만, 실제 키를 크게 해주는 특별한 마법의 음식은 없다. 다만 5가지 영양소를 골고루 섭취할 수 있도록 음식을 가리지 않고 골고루 규칙적으로 먹는 것이 가장 큰 비법이다.

키 크는 특별한 음식은 없지만 키 크는 것을 도와주는 베스트 음식은 있다. 우리 주변에서 쉽게 접할 수 있어 먹기 좋으면서 영양도 풍부해 성장하는 데 도움되는 음식들이다.

◉ 우유

우유는 뼈를 만드는 데 중요한 영양소인 칼슘의 함유량이 많고, 또한 흡수율이 좋아 성장기에 있는 아이에게 좋은 식품이다. 우유를 마신다고 키가 쑥쑥 크는 것은 아니지만 칼슘이 부족한 상태에서 키가 크기를 바랄 수는 없는 노릇이다. 따라서 성장기에는 우유를 충분히 마시는 것이 좋다. 우유는 하루에 3잔 정도 마시면 성장기에 하루 필요한 칼슘을 섭취할 수 있다. 만약 아이가 우유를 싫어한다면 같은 유제품인 요구르트와 치즈를 먹이도록 한다.

※ 우유를 싫어한다. ⇒ 요구르트, 치즈를 먹인다.

◉ 달걀

    달걀은 주변에서 쉽게 구할 수 있는 최고의 단백질 식품이다. 또한 아이들이 대부분 좋아한다는 장점도 있다. 특히 달걀의 흰자는 단백질이 풍부해 성장에 도움을 준다. 간혹 달걀의 노른자에 콜레스테롤 수치가 높아 걱정하는 엄마들이 있지만, 성장기 아이에게는 콜레스테롤 수치를 걱정하지 말고 하루에 1~2개 정도는 먹여도 좋다.

※ 달걀을 싫어한다. ⇒ 두부, 치즈를 먹인다.

◉ 검은콩

    콩은 식물성 단백질이 풍부한 음식으로 알려져 있는데, 특히 검은콩은 단백질 함유량이 출중한 식품으로 검은콩을 많이 먹으면 성장에 도움이 된다. 따라서 검은콩을 넣어 밥을 지어 먹거나 검은콩을 갈아서 아침마다 먹이면 좋다. 아이들이 검은콩을 싫어한다면 땅콩을 식탁에 두고 오며가며 수시로 먹을 수 있도록 한다.

※ 검은콩을 싫어한다. ⇒ 땅콩을 먹인다.

◉ 정어리

    정어리는 단백질과 칼슘이 풍부해 키 크는 데 도움을 주는 식품이다. 정어리에 들어 있는 칼슘은 해조류에 들어있는 식물성 칼슘에 비해 소화, 흡수가 잘 되어 성장에 더없이 좋다. 이외에도 멸치, 뱅어포, 빙어처럼 뼈째 먹는 생선은 뭐든지 좋다. 음식으로 멸치를 먹이는 데 한계가 있다면 멸치를 갈아서 가루로 해놓고 우유 마실 때 타 먹여도 좋다.

◉ 시금치

시금치는 철분과 칼슘이 풍부하여 키 크는 데 도움을 주는 식품이다. 그러나 대부분의 아이들은 시금치를 주면 싫어하기 때문에 시금치 무침보다는 시금치를 잘게 썰어서 볶음밥을 해주거나 김밥으로 만들어 주면 좋다.

※ 시금치를 싫어한다. ⇒ 상추, 피망을 먹인다.

◉ 당근

비타민 A가 풍부해 단백질의 합성을 도와준다. 당근도 통째로 주면 아이들이 먹기 싫어할 수 있으므로 다양한 형태로 조리한다. 예를 들어 믹서에 갈아서 당근 주스를 해주면 좋다. 만약 당근 주스를 싫어하면 사과를 함께 갈아 넣어서 맛의 조화를 이룬다. 이외에도 닭고기, 돼지고기, 쇠고기를 요리할 때 잘게 썰어서 함께 넣는다면 맛도 좋고 영양도 풍부한 음식이 된다.

※ 당근을 싫어한다. ⇒ 호박, 부추를 먹인다.

◉ 귤

비타민 C가 풍부한 귤은 칼슘 흡수에 도움을 주는 과일이다. 그런데 귤은 겨울철에 먹는 음식이므로 딸기, 파인애플, 포도, 키위 등 계절에 맞는 과일을 먹으면 비타민을 충분히 섭취할 수 있다.

※ 귤을 싫어한다. ⇒ 파인애플, 포도, 키위, 딸기를 먹인다.

키가 쑥쑥 크는 운동요법

 키 크는 운동 따로 있다

성장기의 아이에게 운동이 필요하다는 것은 백 번 강조해도 지나침이 없다. 운동은 성장에서 영양 섭취만큼이나 중요하다. 적당한 운동은 성장판과 골격을 자극하여 성장 호르몬이 분비되도록 하며, 신체의 근육, 뼈, 인대를 튼튼하게 해준다. 또한 운동은 정신적인 스트레스를 풀어주고 '나도 할 수 있다'는 자신감을 갖게 해준다.

열심히 뛰어노는 것도 좋지만 성장에 맞는 운동은 좀 더 체계적이어야 한다. 일반적인 활동을 위해 쓰는 근육과 운동할 때 쓰는 근육이 다르기 때문이다. 운동 시간은 하루에 30분 이상이 되도록 조절하는 것이 좋은데, 성장 호르몬이 운동 후 약 30분 정도에 최대가 되기 때문이다.

운동을 할 때는 아이가 의무감보다는 즐겁게 뛰어논다는 생각이 들도록 유도한다. 아이들은 대부분 산만하고 집중력이 짧기 때문에 재미

없으면 금세 지루해한다. 아이에게 '키가 크기 위해서는 운동을 해야 한다'고 아무리 설명해도 스스로 재미를 느끼지 못하면 운동에 집중하기 어렵다.

따라서 같은 운동이라도 재미를 느낄 수 있게 엄마, 아빠가 함께 참여하고, 즐거운 음악을 들으면서 하거나 게임하듯이 운동할 수 있도록 프로그램을 설계한다.

"아이 키를 크게 하려면 어떤 운동을 해야 할까요?"라는 질문을 하는 엄마들이 많다. 대답은 "모든 운동은 아이의 키를 성장시키는 데 좋다"이다. 대부분의 운동은 아이의 근육과 뼈를 발달시키고, 성장판을 자극하여 키가 크도록 해준다. 따라서 모든 운동을 규칙적으로 꾸준히 해준다면 아이들의 키를 성장시킬 수 있다.

그러나 굳이 키 크는 데 좋은 운동을 고른다면 온몸을 쭉쭉 뻗어 근육을 이완시켜주고 기쁘운 점프 동작이 있어 성장판을 자극하는 것이다. 농구, 줄넘기, 달리기, 수영, 자전거 타기, 인라인 스케이트, 배드민턴 등이 모두 좋다.

주의해야 하는 운동은 팔다리 근육을 많이 쓰거나 무거운 것을 들어 다리에 무리를 주는 운동이다. 이러한 운동은 성장판에 혈류 공급을 방해하여 키가 크지 못하게 해준다. 역기, 마라톤, 기계 체조, 레슬링 등이 그 예이다. 따라서 이 시기에는 지나치게 무거운 것을 드는 운동이나 근육을 키우는 운동은 하지 않는 것이 좋다.

Dr Kim 클리닉 마사지로 성장통 예방한다

성장통은 5~6세 아이에게 생기기 쉬운데, 밤에 잠을 자지 못할 정도로 고통을 호소하기도 한다. 아기는 태어난 후 1년간 놀라울 정도로 빠르게 성장한다. 이때 아기는 수면 중에 끙끙거리는 소리를 많이 내는데 자면서도 쑥쑥 자라는 것이다. 일종의 성장통을 앓는 것이다. 한창 성장하는 5~6세 아기도 성장통을 앓기 쉬운데, 자기 전에 엄마가 부드럽게 마사지를 하면 예방할 수 있다.

 유아에게 맞는 재미있는 성장 운동

나이가 어릴수록 체계적이고 지속적으로 운동하기가 어렵다. 그래서 아이가 영유아라면 가족이 함께 하는 운동이 제일 좋다. 엄마와 아빠가 사랑하고 있다는 느낌이 전해지고 교감할 수 있는 운동은 아이를 행복하게 하고 성장도 하게 만든다.

◉ 엄마와 기지개 켜기

성인도 아침에 키를 재고 저녁에 다시 키를 재면 1cm 정도의 오차가 난다. 몸을 충분히 늘려주면 근육이 이완되면서 키가 늘었다 줄었다 하는 것이다. 숨어 있는 1~2cm를 찾을 수 있는 기지개 켜기는 아이들이 일상생활에서 꾸준히 따라 하기 쉽고 효과도 좋은 운동이다.

아침에 아이가 일어나면 벌떡 일어나게 하지 말고 누운 상태에서 팔과 다리를 충분히 쭉 펴도록 해준다. 기지개를 활짝 켜는 것만으로도 충분히 키를 키울 수 있다.

◉ 아빠와 쭉쭉이 체조

집중력이 짧은 아이들은 좋은 운동법을 소개해도 지속적으로 따라하기가 어렵다. 저녁에 이부자리를 펴놓으면 아이들은 장난을 치며 좋아한다. 이러한 심리를 이용하여 이부자리를 펴놓고 아빠와 팔과 다리를 쭉쭉 늘려주는 쭉쭉이 체조를 한다. 특별한 방법이 있는 것이 아니라 국민체조에 나오는 동작을 응용하면 된다. 아빠 손에 매달리기, 노젓기, 윗몸일으키기 등을 재미있게 하면 된다.

◉ 엄마의 사랑을 담은 성장 마사지

아이의 성장판을 자극해 키를 쑥쑥 크게 해주고, 더불어 엄마의 따뜻한 사랑까지도 전해주는 성장 마사지. 따뜻한 물에 목욕을 한 다음에 이부자리에 누이고 아이의 온몸을 골고루 주물러 준다. 손가락 끝, 발가락 끝과 같은 말초신경을 자극하고 발바닥의 가운데를 꾹꾹 눌러주면 음식물의 소화, 흡수를 도와 성장하게 만든다. 특히 다리를 쭉 늘려다 놓아주는 동작과 골고루 눌러주는 동작을 하면 곧고 예쁜 다리를 만들 수 있다.

전문가가 추천하는 성장 운동 Best 3

대부분의 운동이 성장에 좋지만 특히 성장판을 자극하는 동작이 많이 들어가 있는 운동은 성장을 위해 효과적이다.

● 즐거운 동요와 함께 하는 줄넘기

줄넘기는 성장판을 자극하여 키 크는 데 도움이 되는 대표적인 운동이다. 줄넘기줄만 있으면 언제, 어디서든지 쉽게 할 수 있다는 장점 때문에 더욱 좋다. 다만 '하루에 15분간 줄넘기하기' 같은 목표를 정해놓고 아이들에게 시키면 금세 지루해져서 힘들어한다. 이때는 아이들이 좋아하는 동요 테이프를 틀어놓고 동요 한 곡에 맞추어 줄넘기를 하는 음악 줄넘기를 시도한다.

처음에 양발을 모아서 뛰는 줄넘기를 하였다면 양옆으로 벌렸다 모아뛰기를 하고, 다음은 한발씩 번갈아 뛰기를 하여 변화를 주면서 뛰면

지루하지 않다. 유아들은 30초~1분 정도 연속해서 뛰고 쉬기를 반복하는 것이 좋으며, 뛸 때 발꿈치가 땅에 닿지 않도록 주의한다. 쿵쿵 소리가 날 정도로 발꿈치가 땅에 닿으면 무릎과 허리에 무리가 갈 수 있기 때문이다.

☺ 친구와 즐기는 농구

농구는 다양한 점프 동작으로 성장판을 자극하는 좋은 운동이다. 또한 경기 규칙도 단순하고 친구들과 몸싸움을 하면서 즐기는 재미도 쏠쏠하다. 농구대에 골을 넣기 위해 뛰어오르는 동작은 관절, 무릎, 발목에 자극을 주어 뼈의 길이를 성장하게 하고 골밀도를 높여준다.

☺ 빠르게 걷기

매일 저녁 식사 후에 가족과 함께 산책을 하듯 빠르게 걷기를 하면 성장에 좋다. 혼자서 빠르게 걷기를 하면 지루할 수 있지만, 가족과 함께 이야기를 나누며 걸으면 시간도 잘 가고 엄마, 아빠의 사랑을 느낄 수 있어 좋다.

숨이 약간 가쁠 정도로 빠르게 걷는 유산소 운동을 하루에 30분 정도 꾸준히 해주면 성장에 도움이 되고 건강에도 좋다. 또한 체지방을 감소시켜 비만을 예방해주고 손쉽게 할 수 있는 운동이라서 좋다. 그러나 숨이 헐떡거릴 정도로 달리는 것은 유산소 운동이 아닌 무산소 운동이 되므로 주의해야 한다.

이럴 땐 성장 전문가의 진료가 필요하다

 유별나게 작으면 주저없이 검사받아라

"우리 아이 키가 크지 않아 걱정이에요"라고 말하는 엄마들이 많은데, 대부분 그 기준이 모호하다. 우선 엄마가 생각하기에 아이가 작다는 판단이 들면 다음과 같은 기준을 적용해보자. 우리 아이가 다음의 사항에 해당된다면 성장 전문가의 진료가 필요한 경우이다.

1	예상키 측정결과 남자는 165cm, 여자는 150cm 이하일 때
2	엄마, 아빠의 키가 작은 경우
3	1년에 4cm 이하로 자랄 때
4	친구들과 비교했을 때 100명 중에 작은 키로 세 번째 안에 들 때

위와 같은 경우라면 병원에 방문해서 원인이 무엇인지를 파악하는

것이 먼저이다. 아이가 특별한 질병에 의해 키가 크지 않는지, 아니면 아이가 늦게 키가 자라는 것인지를 알아야 한다. 실제 일곱 살 지호는 1년에 1cm, 2년에 2cm 밖에 자라지 않아 병원을 방문했더니, 뇌종양이라는 결과가 나왔다. 다행히 일찍 발견되어 완치했는데, 엄마가 평소에 우리 아이의 성장에 관심을 갖고 잘 체크한 결과이다.

◉ 병원에서 받는 검사

성장에 문제가 있다고 판단하여 병원을 방문했을 때 받는 검사는 다음과 같은 3가지 정도이다.

문진표 작성	아이가 태어났을 때의 몸무게와 키를 알아보고 최근 2~3년간의 성장 상태를 체크한다. 엄마, 아빠, 형제자매의 키와 몸무게를 통해 가족력을 알아본다. 또한 아이의 평소 영양 상태와 식생활을 알아본다.
엑스레이 촬영	왼쪽 손목뼈의 엑스레이 사진을 찍어 아이의 뼈 나이를 알아본다. 뼈 나이가 정상적인지를 확인하고 성장판이 열려 있는 정도를 파악한다.
혈액 검사와 소변 검사	아이에게 만성적인 질환이 없는지, 염색체 이상으로 키가 자라지 않는지 여부를 판단한다.

◉ 성장 장애의 원인을 파악한다

위의 검사를 통해 성장 장애의 원인을 파악한다. 성장 장애의 원인으로는 영양 부족, 심장과 신장에 질환이 있는 경우, 갑상선 호르몬 결핍으로 인해 성장 호르몬이 작용하지 못하는 경우, 성장 호르몬 결핍인 경우 등을 들 수 있다. 이때 키를 자라게 하기 위해 성장 호르몬 치료법이 필요한지 여부를 판단하는데 질병으로 인한 성장 장애라면 질병을 치료하는 것이 우선이다. 예를 들어, 갑상선 호르몬 결핍으로 인해 키가 크지 않는 것인데 성장 호르몬 치료를 하면 밑 빠진 독에 물 붓기처럼 효과를 발휘할 수 없다.

엑스레이 사진을 통해 뼈의 나이를 확인할 수 있는데 지금 키가 작더라도 뼈 나이가 1년 정도 느리면 늦게 자라는 아이라고 판단되어 특별한 치료는 필요하지 않다. 다만 6개월 정도 주의를 기울이며 성장 상태를 지켜보는 것이 좋다.

 ## 호르몬 치료에 관한 모든 궁금증을 풀어보자

엄마와 아빠의 키가 작아 우리 아이의 키도 작을까봐 걱정하는 부모들에게 성장 호르몬 치료제는 희소식 중의 희소식이 아닐 수 없다. 그러나 성장 호르몬 주사는 성장 호르몬이 부족한 아이에게는 도움이 되지만 정상적인 아이에게는 도움이 되지 않을 수도 있다. 또한 유전적인 기질이 강해서 성장 호르몬 치료를 해도 소용이 없는 경우가 있고, 성장판이 닫혀 있어서 치료를 받기에 늦은 경우도 있다. 성장 호르몬 치료는 어떤 아이에게 도움이 될까?

성장 호르몬 치료는 원래 다른 질병이나 뇌하수체의 이상으로 성장 호르몬이 제대로 분비되지 않은 아이들을 위한 방법이다. 이런 아이들의 경우 보통 첫해에 8~10cm, 다음 해에 7~8cm 이상 키가 자란다. 그러나 최근에는 질병에 의해 키가 크지 않은 경우보다는 유전적인 원인에 의해 키가 자라지 않는 아이들이 치료를 많이 받고 있다. 특별한 병은 없지만 성인 예상키를 계산해 보았을 때 남자는 165cm 이하, 여자는 150cm 이하이면 사회생활에 문제가 생길 수 있다고 판단하기 때문이다.

◉ 성장 호르몬 주사는 언제 맞아야 하나?

성장 호르몬 치료는 뼈가 성장하고 있을 때 성장판을 자극해 뼈가 자라도록 하는 방법이다. 따라서 이 치료는 성장판이 열려 있을 때 효과가 나타나고, 성장판이 닫혔을 때는 소용이 없다. 치료는 어린 나이에 시작할수록 좋으며 보통 사춘기 3년 전 남자는 10~11세, 여자는 9~10세 이전에는 시작해야 한다. 성장 호르몬 치료는 5세부터 가능하므로 가족들이 유전적으로 모두 작다면 검사를 통해 치료가 가능하다.

◉ 치료하면 몇 cm나 클까?

성장 호르몬 치료 효과는 아이의 현재 키와 몸무게, 뼈 나이, 치료 시작 나이, 치료 기간에 따라 차이가 난다. 보통 성장 호르몬 치료를 통해 원래 키보다 10cm 정도 성장을 기대할 수 있고, 엑스레이 검사를 통해 아이의 뼈 나이를 측정할 수 있는데 뼈 나이로 여자 14세 이상, 남자 17세 이상이면 성장 호르몬 치료를 해도 효과가 없다.

◉ 치료 시기와 방법은?

보통 6개월에서 1년 정도 꾸준히 치료하는데 전문의의 처방에 의해 성장 호르몬제를 구입한 후 가정에서 매일 피하지방에 투여한다. 우선 6개월 정도 치료를 하며 반응을 보는데 6개월에 평균 5cm 이상 크면 효과가 있는 것으로 보고 치료를 계속하지만, 3cm 이하로 자라면 비용대비 효과 측면에서 도움되지 않는다고 판단하여 중지한다. 병원에는 3~6개월에 한 번 방문하여 진행 정도를 확인한다. 치료 용량은 체중별로 다르며 체중 40kg 전후일 때 4단위 1병을 매일 주사하기 때문에 월 100만 원씩 들어 1년에 1200~1500만 원 정도 필요하다.

 자연적인 성장이 최선이다

성장 호르몬 치료가 키를 크게 하는 만병통치약처럼 여겨지기 쉬운데 그렇지 않다. 장기간에 걸쳐 치료를 해야 하고 질병에 의해 키가 자라지 않는 경우가 아니라면 자연적인 성장이 좋다.

따라서 성장 호르몬 치료는 질병 때문에 성장 호르몬이 부족한 경우나 키가 작아 심한 콤플렉스를 느껴 정서적인 문제가 있는 경우가 아니라면 엄마의 지속적인 관심으로 자연적으로 성장할 수 있도록 하는 것이 좋다. 알려졌다시피 성장 호르몬은 하루에 30분 이상 규칙적으로 운동하고 영양소를 골고루 섭취하면 잘 분비된다. 일상생활 속에서 성장 호르몬이 잘 분비될 수 있도록 운동하고 성장에 도움되는 음식을 섭취하는 한편, 어린아이가 스스로 즐겁고 자신감있게 생활할 수 있도록 그림이나 노래, 율동을 개발해주는 것도 좋다.

PART

4

환경의 역습으로부터 아이를 보호하자

일상생활 속에서 우리 아이들을 가장 괴롭히는 대표적인 질병을 꼽으라면 아토피 피부염, 비염, 천식을 들 수 있다. 이러한 질병이 무서운 이유는 조금 호전되는 듯하다가 조금만 방심하면 어느 순간 다시 나타난다는 점이다. 발병 원인도 무척 복잡하여 파악하기 힘들 뿐 아니라 치료 방법도 딱히 '이것이다'라고 말하기 힘들어 많은 아이들이 고통 속에 놓여 있다.

이런 환경병을 치료하는 방법에 대한 정보들은 넘쳐나는데 믿을 만한 정보가 많지 않다는 점에서 더욱 엄마의 심적 고통을 가중시킨다. 알로에가 좋다, 카레가 좋다, 소금물이 좋다 등과 같은 민간요법부터 다급한 엄마들의 마음을 노리는 약품에 이르기까지 무척 혼란스럽다.

정말 환경병을 없애는 특별한 방법은 없는 것일까? 환경병을 완전히 없앨 수는 없지만 다스릴 수 있는 방법은 있다. 아토피 피부염, 비염, 천식과 같은 환경병은 완치는 할 수 없지만 그렇다고 불치의 병은 아니다. 엄마의 노력으로 얼마든지 완화시킬 수 있으며, 생활습관이나 환경을 바꾸어줌으로써 얼마든지 재발을 방지할 수 있기 때문이다. 특히 환경병은 다른 질병과 달리 의사 선생님의 처방보다는 일상생활 속에서의 예방이 무엇보다 중요하므로 엄마의 역할이 무척 중요하다. 엄마가 생활 속에서 실천함으로써 환경병을 완화하고 치료할 수 있는 방법을 알아보자.

아이를 평생 괴롭히는 병,
아토피 피부염

 아토피 피부염은 시대가 만든 환경병!

아이 키우는 엄마들이 가장 두려워하는 병 중 하나가 아토피 피부염. 소아 아토피 피부염의 60%는 1세 이내에 발생하고, 90%가 5세 이내에 발생하기 때문에 더욱 그렇다. 온몸이 울긋불긋해진다는 점 이외에 동반되는 가려움증은 아이의 성격 형성에도 나쁜 영향을 미친다. 참을성이 많지 않은 아이들에게 아무리 긁지 말라고 말해도 소용이 없고, 가려움증이 심해지면 짜증을 내고 예민해지기 쉽다. 특히 자신이 하기 싫은 일을 할 때는 더욱 긁다보니 한 가지 일에 집중하지 못하고 자칫 산만해 보이기도 한다. 어릴 때는 엄마가 옆에서 대신 긁어주며 달랠 수 있지만, 엄마와 떨어져 학교에 갈 시기에 집중력이 떨어지면 성적부진의 원인이 되므로 어릴 때 치료하는 것이 좋다. 아이가 가려움으로 긁어 상처가 생겨 2차적으로 세균에 감염되는 것도 문제이다.

아이와 많은 시간을 보내는 엄마라면 누구나 아이의 피부 상태를 알 수 있다. 다음과 같은 항목을 체크하여 2~3가지 항목에서 '예'가 나오면 보습을 철저히 하며 관찰하고, 5가지 이상 '예'가 나오면 전문의의 진단이 필요하다.

1	얼굴이 전체적으로 울긋불긋하다.
2	뺨, 눈 주위에 좁쌀 같은 것이 돋고 빨갛다.
3	팔과 무릎의 접히는 부분이 빨갛고 가렵다.
4	턱 아래의 목과 뒷목의 피부가 빨갛고 각질이 생긴다.
5	등, 배, 가슴의 피부가 오돌토돌하고 가렵다.
6	피부가 건조하고 거칠어 각질이 잘 생긴다.
7	밤에 온 몸을 긁느라고 잠을 설친다.
8	특정 음식을 먹으면 가렵다.
9	천식, 알레르기 비염과 같은 알레르기 질환이 있다.
10	엄마나 아빠 중에 아토피 피부염을 앓았다.

아토피 피부염을 정확하게 진단하기 어렵지만 대부분 위의 항목 중에서 5가지 이상의 특징이 나타나면 아토피 피부염을 의심할 수 있다. 특히 가려움증이 있고, 연령에 따라 특징적으로 나타나는 부위에 피부 발진이 나타나고, 만성적으로 재발되고, 가족 중에 아토피 피부염을 앓은 사람이 있다면 거의 아토피 피부염이라고 보면 된다.

아토피 피부염이 일어나는 원인은 아직까지 의견이 분분하지만, 기본적으로 아토피 피부염이 환경병이라는 데는 동감하는 분위기이다. 아토피 피부염의 발병률을 조사해보면 서구화된 사회에서 높은 것으로 밝혀져 유전적인 요인 못지않게 환경적인 요인이 중요한 영향을 미친다는 것을 알 수 있다.

특히 국내에서 한 조사기관에 의해 유치원생, 초등학생, 중학생을 대상으로 아토피 피부염 여부를 조사한 결과 10년 전에 비해 증가하고 있으며, 특히 유치원생인 5세가 차지하는 비율이 높아 연령이 어릴수록 아토피 피부염을 갖고 있는 확률이 높았다.

 ## 원인을 알아야 예방도 가능하다

아토피 피부염이 생기는 과정은 한마디로 설명하기 힘들 정도로 복잡하다. 우선 유전적인 영향이 있을 테고, 면역학적인 영향, 그리고 환경적인 영향이 서로 얽혀 아토피 피부염을 발생시키고 악화시킨다.

특히 아토피 피부염을 가진 부모에게서 아토피 피부염을 가진 아이가 태어날 확률이 높아 유전적인 영향이 크다는 것을 알 수 있다. 다음으로는 면역체계의 이상을 들 수 있는데 면역체계가 민감하여 다양한 인자에 반응하고, 다시 환경적인 인자에 의해 악화되는 악순환을 거듭하게 된다.

◉ 면역체계의 이상이 원인이다

아이의 면역체계의 이상으로 다음과 같은 원인에 민감하게 반응하여 아토피 피부염을 일으킨다. 주로 집먼지 진드기 등이 아토피 피부염의 주범으로 지목되고 있는데, 아이에 따라 한 가지에 반응을 보이는 경우도 있고, 여러 가지 원인에 반응을 보이기도 한다. 이렇게 여러 가지 원인에 반응을 보이는 경우 아토피 피부염의 원인을 찾아내기 상당히 까다롭다.

식품 알레르기	우유, 계란, 땅콩, 대두, 밀, 조개, 생선 등과 같은 음식에 알레르기를 일으킨다.
흡입항원에 대한 알레르기	꽃가루, 곰팡이, 집먼지 진드기, 동물비듬, 바퀴벌레 등에 반응하여 습진이 일어난다. 실제 특수한 매트리스 커버 등을 이용해 진드기를 감소시키면 아토피 피부염이 나아진다.
미생물	아토피 피부염을 가진 아이들의 피부는 세균, 곰팡이 등에 감염되기 쉽다.

◉ 아토피 피부염을 악화시키는 환경

아토피 피부염을 일으키는 일차적인 원인은 아니지만 악화시키는 결정적인 역할을 하는 것이 환경이다. 환경적인 요인들에는 다음과 같은 것들이 있다.

- 기후 : 아이에 따라 기후의 영향에 다르게 반응하는데, 일반적으로 겨울철에 악화되고 여름에는 호전되는 경향이 있다. 이는 겨울철의 춥고 건조한 기후는 피부를 건조하게 하여 아토피 피부염을 악화시키기 때문이다. 또한 아토피 피부염을 앓는 아이들은 피부의 적응

력이 떨어져 급격한 온도와 습도의 변화가 아토피 피부염을 악화시
키기도 한다.

- 화학적 자극 : 세탁 세제와 표백제, 비누, 청소세제, 향기 있는 화장
품 등이 자극제가 되어 아토피 피부염을 악화시킨다.

- 물리적 자극 : 긁음, 발한, 합성섬유, 거친 촉감의 섬유, 산성 식품,
감염 등이 있다. 심한 가려움증은 아토피 피부염을 앓는 아이들이
가장 많이 호소하는 증상으로 긁어 피부가 벗겨지고 이를 통해 세
균이 2차적으로 감염되는 것이다.

- 심리사회적 스트레스 : 만성질환, 감정적 스트레스, 수면장애 등이다.
아토피 피부염을 겪는 아이들에게 모두 나타나는 공통적인 특징은
가려움증인데, 이 가려움증은 밤에 깊은 잠을 자지 못하고 예민하
게 만들어 다시 아토피 피부염을 악화시키는 경우가 많다.

 생활습관만 고쳐도 효과백배!

아토피 피부염은 환경의 변화에 민감하여 쉽게 악화되는 경향이 있다.
이를 다르게 해석하면 아토피 피부염은 몇 가지 생활 환경을 개선함으
로써 얼마든지 완화시킬 수 있다는 것이다.

◉ 헐렁한 순면 옷을 입혀라

아이들 옷은 대부분 면이라고 생각하기 쉽지만 여자 아이들이 자주 입는 발레복이나 드레스는 합성섬유인 경우가 많다. 합성섬유 옷은 땀 흡수가 되지 않아 아토피 피부염을 심하게 만든다. 아이 옷을 고를 때는 순면인지 확인하고, 딱 맞는 옷보다는 통풍이 잘 되는 헐렁한 옷을 고른다.

◉ 순한 비누를 사용하라

목욕할 때 성인이 사용하는 비누와 샴푸를 사용하는 경우가 있는데 성인용 목욕 세제는 아이들에게 맞지 않으며 아토피 피부염을 악화시킬 수 있다. 따라서 순한 비누를 사용하고 아토피 피부염 환자 전용 비누를 사용하는 것이 좋다.

◉ 약한 세제를 사용하라

빨래할 때 옷을 하얗게 하기 위해 표백제를 많이 사용하는데, 표백제는 사용하지 않는 것이 좋다. 세탁 세제는 조금씩 약하게 사용하고, 세제가 충분히 씻어 내려갈 수 있도록 헹굼도 신경 써서 여러 번 해준다.

◉ 보습제를 수시로 발라줘라

목욕은 땀을 흘리면 바로 해주는 것이 좋고, 목욕한 후에는 보습제를 충분히 발라준다. 아토피 피부염은 피부가 건조해질 때 더욱 심해지므로 휴대용 보습제를 갖고 다니며 수시로 발라주는 것이 좋다. 특히 아이의 손톱은 항상 짧게 깎아 주고 잠을 자면서 긁지 않도록 주의한다.

◉ 매일 쓸고 닦아라

눈에 보이지 않는 먼지라고 소홀히 하기 쉬운데, 집 안 구석구석에 쌓인 먼지는 아토피 피부염을 악화시키는 요인이다. 힘들더라도 매일 진공청소기로 구석구석 먼지를 없애고 걸레로 닦아낸다. 아침, 저녁으로 집 안 공기를 환기시켜주고 침구는 항상 먼지를 털어내고 햇볕에 말린다.

◉ 겨울철 가습기는 필수!

아토피 피부염은 급격한 온도와 습도의 변화에 민감하다. 따라서 실내 온도를 여름철에는 25℃ 정도, 겨울철에는 20℃ 정도를 유지하고 습도는 50%를 유지하는 것이 좋다. 특히 건조해지기 쉬운 겨울철에는 적정한 습도를 유지하기 위한 가습기는 필수이다.

◉ 엄마가 직접 간식을 만들어라

인스턴트식품이나 가공식품에 의해 아토피 피부염이 악화되는 아이들이 있다. 아이가 인스턴트식품을 먹지 않도록 하기 위해서는 엄마가 직접 간식을 만들어주는 것이 좋다.

아토피 피부염을 앓는 아이들의 엄마들 대부분은 작은 정보에도 솔깃하다. 여러 방법을 사용해도 별다른 호전을 보이지 않으면 마음이 다급해지기 때문이다. 그런데 주변 사람들이 전해주는 정보도 제각각이어서 무엇이 맞는지 혼란스러울 때가 많다.

목욕하지 않는 것이 좋다 vs 자주 목욕하는 것이 좋다

예전에는 아토피 피부염을 가진 아이들은 자주 목욕하지 않는 것이 좋다는 의견이 많았다. 뜨거운 물에서 오랫동안 목욕하면 피부에 좋지 않고, 피부가 더욱 건조해지기 때문이다. 그러나 땀을 많이 흘리는 여름철에 목욕을 하지 않는다면 아토피 피부염이 더욱 악화되기 쉽다. 이때는 중성세제를 사용하고, 충분히 잘 씻어낸다는 조건하에서 목욕하는 것이 좋다. 목욕 후에 피부가 건조하지 않도록 충분히 보습제를 발라주는 것도 잊지 말아야 할 일이다.

스테로이드제는 절대 쓰지 말자 vs 스테로이드제 사용은 필요하다

아토피 피부염을 완화시키기 위해 스테로이드제가 함유된 연고나 크림, 로션이 있다. 이 연고를 바르면 일시적으로 아토피 피부염을 개선시킬 수 있어 많이 사용되었다. 그러나 스테로이드 연고를 장기적으로 사용하면 피부가 나빠지고 내성이 생기는 부작용이 있다. 아기를 걱정하는 엄마 입장에서는 과연 부작용이 많다는 스테로이드제를 사용해야 할까, 말까를 고민하게 된다. 가능하면 스테로이드제를 사용하지 않는 것이 좋지만, 아토피 피부염이 심해 신체적, 정서적으로 고생하는 아이라면 의사의 처방으로 적절하게 사용하는 것이 좋다.

달걀과 우유를 먹이면 안 된다 vs 달걀과 우유를 먹여도 좋다

달걀과 우유는 아토피 피부염 아이들에게 알레르기를 일으키는 대표적인 음식으로 뽑힌다. 그러나 모든 아토피 피부염을 앓는 아이들이 동일하게 반응하는 것은 아니다. 아이마다 알레르기를 일으키는 음식이 제각각이므로 이 음식에 반응을 보이는지를 직접 확인한 후에 결정해야 한다. 한참 성장하는 아이들에게 필요한 단백질군을 먹이지 않는다면 영양 불균형을 일으켜 성장을 방해할 수도 있다.

집중력 떨어뜨리는 알레르기 비염

 감기와 비슷한 알레르기 비염

병원을 찾은 엄마들 중에 아이가 항상 감기를 달고 산다고 하소연하는 경우가 많다. 지수도 그런 아이 중에 하나. 아이가 수영을 배우다보니 겨울에 수영하는 일이 많고 그러다보니 감기에 걸리는 일이 많다. 처음에는 감기에 걸릴 때마다 병원에 꼬박꼬박 가서 처방전을 받고 약을 먹었는데, 항생제에 너무 의존하는 것 같아 병원에 가지 않고 버텼다. 콧물을 흘리고 기침을 해도 병원에 가지 않았는데, 몇 달간 상태가 호전되지 않아 소아과 병원에 방문했다. 그러나 검사 결과 지수는 알레르기 비염이었다. 알레르기 비염은 열이 나지 않는다는 점 이외에 감기와 증상이 너무 비슷하여 감기라고 착각하는 엄마들이 많다.

알레르기 비염의 대표적인 증상을 살펴보면 콧물을 흘리고, 쉬지 않고 재채기를 하고, 코막힘이 있다. 언뜻 보기에 감기 증세와 비슷해 감기

다음과 같은 질문에 5개 이상 '예'라는 답이 나오면 알레르기 비염을 의심해야 한다.

1   아토피 피부염을 앓고 있다.

2   장소가 바뀌면 연속적으로 재채기를 한다.

3   맑은 콧물을 흘린다.

4   코를 킁킁거린다.

5   반복적으로 헛기침을 한다.

6   말을 할 때 비음을 낸다.

7   코를 자주 후벼 코피가 난다.

8   눈이 충혈된다.

9   눈을 자주 비비고 쉽게 피로해진다.

10   입으로 숨을 쉬고, 밤에 잠을 잘 때 코를 곤다.

알레르기 비염은 아이들의 집중력과도 밀접하게 연결되며, 밤에 깊은 잠을 자지 못해 수면 부족과 만성적인 피로로 성장에 방해가 될 수도 있다. 따라서 알레르기 비염이라는 판단이 들면 전문의를 찾아가 적극적으로 원인을 파악하여 대처한다.

로 착각하는 경우가 많다. 초기에는 코만 훌쩍거리다가 심해지면 눈과 귀가 간지러워 비비기도 한다.

알레르기 비염으로 고생하는 사람들의 경우 낯선 장소에 가는 것이 창피하다고 호소하기도 한다. 휴지 한 통을 쓸 정도로 코를 계속 풀게 되고, 쉬지 않고 재채기를 하다보면 그런 생각이 들 만도 하다. 특히 아이들의 경우 한 가지 일에 집중하지 못하고 산만해지기 쉽고 짜증을 내기 쉽다. 유아일 때는 낫지만 좀 더 커서 공부해야 할 시기에는 학습부진의 원인이 되기도 한다. 만성이 되어 입으로 숨을 쉬다보면 입과 턱, 치아의 상태가 변형되어 안면 발달장애, 치아 부정교합, 멍하게 입을 벌리는 아데노이드 얼굴이 나타나기도 한다.

Dr Kim 클리닉 감기와 알레르기 비염, 이렇게 구분하라

초보 엄마는 코감기와 알레르기 비염의 증상이 상당히 유사하기 때문에 착각하기 쉽다. 그렇다면 어떻게 코감기와 알레르기 비염을 구분할 수 있을까?

코감기는 갑자기 발생하여 콧물이 나오더라도 분비물이 섞여 나오고 시간이 지나면서 누렇게 변한다. 재채기는 많이 하지 않는 편이며, 열을 동반한다.

반면에 알레르기 비염은 맑은 콧물을 흘리고, 갑작스럽게 재채기를 연이어 하며, 봄과 가을 등 환절기에 심해지는 특징이 있다.

훌쩍훌쩍 비염의 원인을 찾아라

비염은 당장 건강을 위협하는 존재가 아니기 때문에 가볍게 치부되기 쉽다. 그러나 알레르기 비염이 지속될 경우 생활하는 데 상당히 불편하다. 아이들의 집중력과도 밀접하게 연결되며, 밤에 깊은 잠을 자지 못해 수면 부족과 만성적인 피로로 성장에 방해가 될 수도 있다. 따라서 알레르기 비염이라는 판단이 들면 적극적으로 원인을 파악하여 대처한다.

　알고 보면 아토피 피부염, 알레르기 비염, 천식, 축농증이라고 불리는 부비동염은 모두 알레르기성 염증으로 인해 생긴 질병이라는 공통점이 있다. 아토피 피부염을 가진 아이는 알레르기 비염과 천식을 함께 앓을 확률이 높고, 반대로 알레르기 비염을 가진 아이는 천식과 부비동염 등의 질병이 나타날 확률이 높다. 따라서 우리 아이가 알레르기 비염 증상이 있다면 다른 증상이 함께 나타나고 있는지를 주의 깊게 관찰하여 예방할 필요가 있다.

　알레르기 비염은 코를 덮고 있는 점막에 염증이 생기는 것으로 알레르기 염증 반응을 일으키는 원인은 다양하다. 가장 대표적인 원인으로는 꽃가루, 집먼지 진드기, 동물의 털, 담배 연기 등으로 이러한 원인들이 호흡기를 통해 흡입되어 발생하는 것이다.

　알레르기 비염의 경우 증상이 나타나는 기간에 따라 통년성 알레르기 비염과 계절성 알레르기 비염으로 나뉜다. 통년성 알레르기 비염의 원인

집먼지 진드기	알레르기 비염을 일으키는 주범으로 꼽히는 집먼지 진드기는 침대 매트리스, 천 소파, 카페트, 이불 등에 많다. 집먼지 진드기가 살기 좋은 조건은 실내온도 25℃, 60% 이상의 높은 습도이다.
꽃가루	알레르기 비염을 일으키는 두 번째 원인으로는 꽃가루를 지목할 수 있다. 꽃가루는 여름과 겨울에는 날리지 않지만 봄과 가을에 공기 중에 날아다니며 알레르기 비염 증상을 유발한다.
동물의 털	집에서 애완용으로 기르는 강아지나 고양이의 털로 인해 알레르기 비염을 일으킨다.
곰팡이	습한 곳에서 자라는 곰팡이는 주로 지하실, 목욕탕에서 생기며 이러한 곰팡이가 알레르기 비염을 일으킨다.

은 대부분 집먼지 진드기에 의해 발생하며, 1년 내내 증상이 나타난다. 만성적이며 항상 입을 벌리고 호흡하는 것과 코막힘을 특징으로 한다.

개나리, 진달래꽃이 피어 만물이 생동하는 봄 또는 가을에 고생하게 되는 계절성 알레르기 비염은 매년 어김없이 찾아와 우리 아이를 괴롭힌다. 플라타너스, 소나무, 꽃가루 등에 민감하게 반응하여 비염 증상이 나타나는데 꽃가루가 날리는 시기가 되면 심하게 눈을 비비고 간지러워하며 맑은 콧물을 흘리고 재채기를 심하게 한다.

유전적인 요인도 무시할 수 없다. 부모 중에 한 명이라도 알레르기성 질환을 앓고 있다면 유전될 확률이 50% 정도이다. 따라서 엄마와 아빠 중에서 알레르기 비염으로 고생하고 있다면 아이가 어릴 때부터 주변 환경에 신경 쓰고, 예방하는 것이 좋다.

알레르기 비염을 다스리는 생활습관

알레르기 비염을 치료하는 방법은 무엇일까? 약물요법, 회피요법, 면역요법으로 나눌 수 있다. 이 중에서 약물요법은 심하면 병원에 방문하여 처방을 받아 약물을 복용하는 방법인데, 이 방법은 일시적으로 호전시킬 수 있으나 근본적인 방법은 아니다. 알레르기 비염은 예방이 최선이라는 마음으로 올바른 생활습관을 갖는 것이 더욱 중요하다.

◉ 봄에는 외출을 자제하라

봄이 되어 꽃이 피면 가족들이 야외로 봄나들이를 가기 쉽다. 아이가 봄철에 날리는 꽃가루에 의한 알레르기 비염이라면 잠시 미루었다가 소풍을 가도록 한다. 보통 회피요법이라고 하는데 알레르기를 일으키는 원인에 노출되지 않도록 하는 것으로 꽃가루가 날리는 시기에는 외출하

 Dr Kim 클리닉 　알레르기 질환을 치료하는 3대 요법

알레르기 질환을 치료하기 위해 보통 약물요법, 회피요법, 면역요법 3가지를 이용한다. 약물요법은 질환이 생겼을 때 병원을 방문하여 약물을 처방받아 사용하는 것이고, 회피요법은 알레르기를 유발하는 요인에 노출되지 않도록 피하는 것이다. 마지막 면역요법은 알레르기에 반응하지 않도록 신체의 면역력을 강화시키는 방법이다. 알레르기 질환이 심하면 약물요법을 사용해야 하고, 알레르기 요인에 노출되지 않도록 주의하는 것도 중요하지만 임시방편일 경우가 많다. 따라서 알레르기 질환이 있으면 장기적인 안목을 갖고 아이의 면역체계를 개선시키기 위한 노력을 하는 것이 좋다.

지 않도록 한다.

◉ 실내외 온도차를 줄여라

여름에는 시원하게, 겨울에는 따뜻하게 냉난방을 하면 실외와 온도
차가 날 수밖에 없다. 알레르기 비염 아이들은 온도차에 민감하기 때문
에 밖에서 놀다가 집으로 들어오거나 집에서 밖으로 나가게 되면 재채
기를 하거나 콧물을 흘린다. 따라서 실내와 실외의 온도차가 심하게 나
지 않도록 냉난방을 조절한다. 겨울철 가장 좋은 실내 온도는 18℃ 정도
이다.

◉ 따뜻한 차를 마셔라

더운 여름에는 냉장고에 있는 물이나 음료수를 벌컥벌컥 마시기 쉬
운데, 갑작스러운 온도차는 알레르기 비염을 악화시킨다. 여름에도 차
가운 물 대신에 따뜻한 보리차나 한방차를 마시는 것이 좋다.

◉ 신선한 야채를 먹어라

알레르기 비염은 음식물에 민감하게 반응하는 질병이 아니므로 특별
한 식이요법이 있는 것은 아니다. 다만 알레르기에 반응한다는 것은 신
체의 면역력이 약하다는 증거이므로 기름에 튀긴 인스턴트식품은 좋지
않으며 면역력을 강화하기 위해 신선한 야채를 충분히 섭취한다.

◉ 규칙적인 유산소 운동을 하라

일주일에 세 번 정도 꾸준히 유산소 운동을 하여 몸 안에 있는 나쁜 독소를 내보내고 자율신경계의 조절이 원활하도록 하여 면역력을 개선시킨다. 봄철에는 야외 운동보다는 실내에서 하는 운동을 권한다.

◉ 생리식염수로 코를 세척하라

알레르기 비염이 있으면 코를 킁킁거리거나 마구 비비기 쉽다. 이때는 생리식염수로 코를 세척해준다. 차가운 상태에서 세척해주는 것보다 몸 온도로 데워서 해주면 더욱 좋다. 특히 아침에 일어났을 때, 저녁에 자기 전에 해주면 효과가 좋다.

엄마의 관심으로 예방 가능한 소아 천식

 알레르기 비염과 태생이 같은 천식

평소에도 잔병치레를 많이 하는 경주는 다섯 살. 겨울 내내 감기를 앓아서 엄마의 마음고생이 심했다. 그런데 얼마 전에는 심하게 감기를 앓고 난 후 입맛도 잃고 짜증을 많이 내더니, 밤마다 기침을 하느라고 잠을 자지 못할 정도였다. 한번 기침을 시작하면 몸이 들썩일 정도로 심하고 가슴이 아팠다. 열흘 정도가 지나도 여전히 기침을 하고, 가래를 뱉고, 숨쉬기가 곤란해 병원을 찾았다.

이처럼 천식의 대표적인 증상을 살펴보면 기침을 하고, 숨을 쉴 때 쌕쌕거리는 소리를 내고, 제대로 숨을 쉬지 못한다. 보통 기침은 밤에 심하게 하고 아침이 되면 나아지는 특징이 있다. 숨을 쉴 때도 쌕쌕거리는 소리를 내는데 기도에 생긴 염증으로 기도가 좁아져 숨 쉬기 곤란해 하는 것이다.

그렇다면 천식을 일으키는 원인은 무엇일까? 일반적인 알레르기 질환이 그러하듯이 천식도 태어날 때부터 알레르기에 반응하는 면역체계가 약한 사람이 천식을 일으키는 환경적인 요인에 반복해서 노출되었을 때 나타난다.

소아 천식 자가 진단법

다음과 같은 질문에 5개 이상 '예'라는 답이 나오면 천식을 의심해야 하며 전문의의 진단이 필요하다.

1 밤에 가슴이 답답하거나 숨쉬기가 힘들고 기침이 나와 잠을 깬다.

2 똑바로 누워서 자면 가슴이 답답하고, 옆으로 누워서 자면 편안하다.

3 숨을 쉴 때 쌕쌕거리는 소리가 난다.

4 가래가 끓고 목이 아프다.

5 호흡이 곤란하고 가슴 전체가 진동하듯 아프다.

6 피부가 가려운 아토피 피부염 증상이 있다.

7 감기에 자주 걸리고 한 번 걸리면 3주 이상 간다.

8 콧물, 재채기, 코막힘 등의 알레르기 비염 증상이 있다.

9 운동을 하면 숨이 차고 쌕쌕거리는 소리가 난다.

10 가족 중에 천식을 앓은 사람이 있다.

천식은 기도에 생긴 염증으로 기도가 좁아져 숨 쉬기 곤란해 하는 것이다. 천식이 있으면 잦은 기침과 가래로 성격이 예민하고 까다로워지기 쉽다. 가벼운 천식일 때는 천식에 좋은 음식을 꾸준히 먹거나 적당한 유산소 운동을 하여 호흡기를 튼튼하게 해주고, 폐 기능을 강화시켜주는 것이 좋다.

# 천식 일으키는 원인을 찾아라

천식을 일으키는 요인을 꼽아보면 집먼지 진드기, 동물의 털, 담배 연기, 곰팡이, 대기오염 등이다. 눈치가 빠른 사람이라면 그 원인이 알레르기 비염과 같다는 것을 알 수 있다.

그래서 천식과 알레르기 비염은 동전의 양면과도 같다고 한다. 알레르기에 반응하여 염증이 생긴다는 점에서 동일하고 그 염증이 생기는 부분이 코이면 알레르기 비염이 되는 것이고, 기관지이면 기관지 천식이 되는 것이다. 그런데 코와 목은 하나의 기도로 연결되어 있기 때문에 알레르기에 대한 반응이 코와 목에 동일하게 일어나기 쉽다. 따라서 알레르기 비염과 천식은 형제처럼 항상 붙어 다니는 존재이다. 천식 환자의 3명 중 2명이 알레르기 비염을 앓고 있으며, 알레르기 비염 환자의 3명 중 1명이 천식을 앓고 있다는 데이터는 그것을 입증한다.

그 데이터의 의미를 해석해보면 알레르기 비염을 방치하고 그대로 놓아두면 천식으로 발전할 확률이 높다는 것을 알 수 있다. 또한 천식과 알레르기 비염을 동시에 앓고 있다면 어느 하나만 치료한다고 나아지는 것이 아니라 동시에 치료를 해야 호전된다는 것을 알 수 있다.

◉ 천식 악화시키는 요인 없애기

천식을 악화시키는 요인들이 있다. 대표적인 요인은 흡연, 대기오염, 호흡기 감염, 운동 등이다.

• 흡연 : 엄마, 아빠가 담배를 피우면 아이도 담배를 피우는 것과 같다. 흡연이 얼마나 건강에 나쁜지는 말하지 않아도 알겠지만, 간접흡연은 기도 점막을 자극한다는 점에서 더 해롭다. 간접흡연은 기침, 가래와 같은 천식 증상을 일으키며 천식을 더욱 악화시킨다. 따라서 엄마가 임신 중에 담배를 피거나 아기가 태어난 후에도 간접흡연에 노출되면 천식에 걸릴 확률이 높다.

• 대기오염 : 집 안에 있는 오염 물질과 대기 중에 있는 오염 물질은 아이의 기관지를 축소시켜 천식 증상을 일으킬 수 있다. 실내를 장식하기 위해 사용하는 건축자재나 조리를 위해 사용하는 프로판 가스, 난방을 위해 사용하는 가스, 석유 등을 꼽을 수 있으며, 오염된 도시에서 볼 수 있는 아황산가스, 오존과 같은 환경오염 물질을 들 수 있다.

• 호흡기 감염 : 바이러스에 의한 호흡기 감염은 직접적으로 천식을 일으킬 수 있으며 천식을 악화시키는 요인이다. 이러한 감염은 천식을 일으키는 것뿐 아니라 폐에도 나쁜 영향을 미치므로 항상 감기에 걸리지 않도록 주의해야 한다.

• 운동 : 격한 운동을 하고 난 후에 일시적으로 천식 증상이 일어나는 것을 '운동유발성 천식'이라고 하는데, 소아 천식 환자의 50~80% 정도에서 볼 수 있다. 호흡량이 많은 격렬한 운동일수록 천식이 나

타날 확률이 높은데, 같은 정도의 격렬함이라도 운동 종류에 따라 차이가 난다. 따뜻하고 충분한 습도를 유지하면서 하는 운동에서는 괜찮지만, 차갑고 건조한 상태에서 운동을 하면 심하게 나타날 수 있다. 따라서 여름보다는 겨울에 운동할 때 조심해야 한다.

생활습관 개선으로 천식 예방하자

천식은 알레르기 비염과 원인이 같기 때문에 치료하는 방법도 유사하다. 알레르기 비염과 마찬가지로 약물요법, 회피요법, 면역요법이 있다. 약물요법은 호흡곤란을 호전시켜주는 약과 알레르기에 대한 반응을 줄여주는 약이 있는데, 모두 의사의 처방을 통해 사용해야 한다. 스테로이드제 약물을 오래 사용하면 아이들에게 좋지 않은 영향을 미칠까봐 걱정을 많이 하는데, 처방대로 적절히 사용하면 부작용은 거의 없으며 천식이 심한 경우 약물요법은 반드시 필요하다. 오히려 발작이 일어나 수면 중 호흡곤란으로 이어지는 것을 방지할 수 있다. 약물요법과 함께 회피요법을 병행하는 것이 바람직하며 필요에 따라 면역요법이 필요할 수도 있다.

◉ 황사가 심한 날은 외출하지 않는다
천식은 외부의 알레르기에 민감하게 반응하여 증상이 심해진다. 따라서 황사가 심한 날이나 꽃가루가 많이 날리는 날에는 외출하지 않는 것이 좋다. 꼭 외출을 해야 한다면 마스크를 착용한다.

◉ 아이를 위해 담배를 끊어라

아빠가 담배를 피운다면 절대로 집 안에서 피우지 않고, 가능하면 아이를 위해 끊는다. 어렵지만 아이의 건강을 위해 과감하게 결심하고 실행에 옮겨야 한다. 그리고 엄마도 임신 중에는 절대로 담배를 피워서는 안 된다.

◉ 음식을 조금씩 먹어라

천식이 있는 아이의 경우 위식도 역류의 빈도가 3배 높은 것으로 알려져 있으므로 음식을 많이 먹는 것을 자제한다. 특히 잠자기 전 과식은 좋지 않으므로 주의하고, 항상 적당한 양만큼 먹도록 조절해준다.

 Dr Kim 클리닉   심하게 기침할 때 이렇게 하세요

아이가 갑작스럽게 기침을 하고 숨을 쉬기 곤란해 하면 엄마도 놀라고, 아이 자신도 놀라기 쉽다. 이때는 엄마가 침착하게 대응을 해야 아이를 위험과 공포에서 구할 수 있다. 우선 갑작스럽게 기침이 일어나면 몸을 비스듬히 세우는 것이 좋다. 아이가 누워 있었다면 일으켜 세워 앉히고, 천천히 깊게 숨을 쉬도록 한다. 일어나 앉아 베개를 끌어 안고 있게 해주거나 아이의 놀란 마음을 진정시키고 숨을 쉬기 편하게 업어주는 것도 좋다.

◉ 따뜻한 물을 많이 마셔라

목이 마를 때 음료수를 마시지 말고, 물을 마시도록 한다. 물을 충분히 섭취하면 목에 끓는 가래를 묽게 할 수 있다. 물 이외에 기침을 가라앉히는 데 좋은 효과가 있는 모과차를 준비해 두었다가 수시로 마시는 것도 좋다.

◉ 방향제 사용은 절대 No!

실내의 퀴퀴한 냄새를 없애기 위해 방향제를 사용하는 가정이 있다. 그러나 방향제, 스프레이와 같은 제품은 사용을 금하는 것이 좋다. 기관지를 자극하여 천식을 악화시킬 수 있다.

 천식 잘 다스리려면 운동하라

천식이 있으면 운동을 하면 안 된다고 알고 있다. 무리한 운동은 천식을 유발시킬 수 있지만, 적당한 유산소 운동은 호흡기를 튼튼하게 해주고, 폐 기능을 강화시켜주기 때문에 반드시 필요하다. 또한 가벼운 운동을 함으로써 자신감을 갖게 할 수도 있다. 평소 천식이 있으면 잦은 기침과 가래로 성격이 예민하고 까다로워지기 쉬운데, 운동을 통해 '나도 할 수 있다'는 자신감을 갖게 되는 것이다. 그러나 바로 급격한 운동을 하는 것은 좋지 않으며 충분한 예비 운동을 거쳐야 한다.

⦿ 실내에서 하는 수영이 좋다

운동은 걷기, 줄넘기, 자전거 타기, 수영 등의 유산소 운동을 하는 것이 좋은데, 오래 달리는 운동보다는 자전거 타기가 좋으며, 자전거 타기보다는 수영처럼 실내에서 하는 수중 운동이 좋다. 수영은 적당한 습도가 유지되는 상태에서 운동을 하므로 호흡을 통한 수분 손실이 적고 폐활량을 강화시키는 일석이조의 효과가 있기 때문이다. 겨울철에는 차가운 공기 때문에 천식을 유발할 수 있으므로 실내 운동을 하는 것이 좋다.

⦿ 충분한 휴식과 병행하라

운동을 할 때는 항상 다음과 같은 규칙을 기억하고 있다가 지키도록 한다. 본격적인 운동을 하기 전에 가벼운 스트레칭으로 준비 운동을 한다. 격렬한 운동을 1~2분 정도 하고 충분히 휴식을 취한 후에 다시 운동을 한다. 예를 들어 수영을 한다면 다음과 같이 한다.

※ 10분 준비 운동 → 5분 수영 → 10분 휴식 → 5분 수영

⦿ 운동으로 생긴 천식은 주의하라

운동으로 천식이 유발된 운동 유발성 천식이라면 운동할 때 충분한 주의가 필요하다. 운동을 하기 10~30분 전에 천식 예방약을 투여해야 하며 운동을 시작한 후 30분 정도는 충분히 관찰하며 발작이 생기지 않는지 확인한다.

가벼운 천식은 음식을 꾸준히 먹어도 효과가 있다. 모과, 도라지, 배를 달인 물을 꾸준히 마시면 효과가 있다. 그러나 1세 미만의 아이들에게 도라지와 꿀은 좋지 않다는 것을 주의한다.

모과차 전통적으로 모과차는 기침을 많이 하는 감기, 천식에 좋다고 알려져 있다. 기침을 멈추게 하고 목을 부드럽게 해주는 효과가 있다. 모과를 얇게 썰어 꿀에 재어 두었다가 따뜻한 물에 타서 먹는다.

배즙 겨울철에 감기에 걸렸을 때 몸의 열을 내려주고 목의 염증을 가라앉혀 주는 효과가 있다. 배를 갈아 꿀을 넣고 따뜻하게 끓여 먹는 것이 좋다.

도라지물 도라지는 섬유질과 칼슘이 풍부한 식품으로 기침에 좋다. 도라지를 적당한 크기로 찢어서 볶아서 먹으면 되는데, 아이들이 먹기 싫어하면 도라지를 달여 꿀을 넣은 후에 먹여도 좋다.

무즙 비타민 C가 풍부하여 기침을 하고 가래가 끓는 목감기에 효과가 있다. 무를 갈아서 무즙으로 먹으면 좋은데, 아이들이 먹기 싫어할 수 있다. 이때는 무를 얇게 썰어 꿀에 잰 다음에 즙을 먹여도 좋다.

호박죽 비타민 A, B, C를 함유하고 있다. 음식이 부드럽고 단맛이 있어 천식이 있는 아이들에게 먹이면 좋다.

감 비타민 C가 풍부하고 비타민 A가 함유되어 있어 감기와 같은 호흡기로 인한 바이러스 감염을 예방하는 효과가 있다.

환경병 싹~ 없애는 환경 만들기

　　요즘 아이들이 가장 많이 앓고 있는 질병은 바로 알레르기 질환이다. 어린이병원을 찾은 다섯 살 현민이 역시 전형적인 알레르기 질환을 갖고 있다. 아토피 피부염이 제일 심하고, 알레르기 비염과 천식 증상도 있다. 밤마다 현민이는 온몸을 긁느라고 잠을 설치는 것은 물론 때로는 멈추지 않는 기침 때문에 가족들도 잠을 설치기 일쑤이다. 또 아침에는 비염 때문에 잠결에 코를 마구 비벼 코피가 나기도 한다.

　　현민이 엄마는 좋다는 방법을 다 써보았지만 호전되지 않는 현민이를 보면 참참하다. 결국 현민이를 위해서 대대적으로 집 안 리모델링에 나섰는데, 인테리어를 바꾸는 것이 아니라 알레르기 질환에 좋지 않다는 모든 환경을 없애고 뜯어고치기로 했다.

　　이처럼 알레르기 질환을 앓고 있다면 환경을 개선하기 위한 첫 번째 단계는 다음의 내용을 읽어보고 해당 사항이 있는지를 확인하고 어떻게 개선해야 할지 계획을 세우는 것이다. 다음에서 '예'를 체크한 사항은

팔 걷어붙이고 개선해야 한다. 아토피 피부염, 비염, 천식과 같이 알레르기에 민감하게 반응하여 생기는 질병은 실내 환경을 개선함으로써 질병을 완화시킴은 물론 적극적으로 예방할 수 있다.

또한 엄마가 손발을 걷어붙이고 집 안 구석구석에 쌓인 먼지를 쓸고 닦고 털어내는 청소는 필수이다. 그리고 무엇보다 담배를 끊지 못하고 집 안에서 피우던 아빠를 적극적으로 설득하여 담배를 과감하게 끊게 해야 한다.

환경 자가 진단법

우리 아이에게 아토피 피부염, 알레르기 비염, 천식의 증상이 조금이라도 나타나면 집 안을 둘러보자. 피부염을 악화시킬 수 있는 요소가 무엇인지 체크하고 개선시킬 필요가 있다.

1	침대를 사용하고 있다.
2	천으로 된 소파가 있다.
3	천으로 된 커튼이 있다.
4	거실에 카펫이 깔려 있다.
5	애완용 동물을 키운다.
6	식물 등 화초가 있다.
7	장판 밑, 장롱 밑, 벽장 등에 곰팡이가 번식하고 있다.
8	목욕탕에 곰팡이가 살고 있다.
9	집 안에 바퀴벌레가 살고 있다.
10	집에 담배 피우는 사람이 있다.

# 버릴 것은 과감하게 버려라

실내 환경을 개선시키기 위해서는 엄마의 과감한 선택이 필요하다. 집 안 전체에서 오랫동안 써왔던 가구를 바꾸어야 할지도 모르고, 몇 년 이상 치렁치렁 창문에 매달려 있던 커튼을 떼어내야 할지도 모른다.

◉ 특수 매트리스 커버를 씌우자

아이가 매일 잠드는 침대는 집먼드 진드기가 살기 가장 좋은 환경을 갖춘 곳이다. 침대를 아무리 깔끔하게 청소한다고 해도 집먼지 진드기를 완전히 제거하기는 쉽지 않다. 침대를 없애거나 침대를 없애기 힘들다면 진드기가 통과할 수 없는 특수 매트리스 커버를 씌운다.

◉ 베개도 커버를 씌우자

아이가 매일 베고 자는 베개도 신경 써야 한다. 일부에서는 베개에 솜 대신에 메밀을 넣어 사용하기도 하는데, 우리나라에서는 메밀 알레르기가 외국에 비해 빈도가 높다. 따라서 메밀 베개를 사용하면 알레르기 체질을 가진 사람은 메밀 알레르기가 생길 가능성이 있으므로 권하지 않는다. 베개도 진드기가 통과할 수 없는 커버를 씌우는 것이 좋다.

◉ 천 소파 대신에 가죽 소파를 사용하자

천으로 된 소파는 가죽에 비해 부드러워 아이들에게 좋아 보이지만 알레르기 질환을 예방하기 위해서는 사용하지 않는 것이 좋다. 특히 소파는 아이들이 자주 앉아 있거나 뛰어노는 장소이니 만큼 더욱 신중해야 한다. 천 소파는 아무리 먼지를 잘 털어내도 예방 효과가 없으므로 대신 가죽 소파를 사용한다.

☺ 치렁치렁한 커튼을 뜯어내자

천으로 된 커튼은 겨울에 방한 효과가 있어 대부분의 가정에서 사용하고 있다. 그러나 알레르기 질환에는 좋지 않다. 아이들이 커튼을 잡고 숨바꼭질을 하고 노는 경우가 많기 때문에 더욱 주의해야 한다. 천으로 된 커튼 대신에 블라인드가 좋으며, 뜯어내기 어렵다면 자주 세탁해준다.

☺ 카펫을 사용하지 말자

집 안에서 아이들이 노는 장소에 카펫을 깔아주어, 보온 효과와 위험 방지 효과를 얻을 수 있다. 그러나 카펫은 집먼지 진드기가 살기 좋은 환경을 제공하므로 사용하지 않는 것이 좋다. 필요하다면 카펫 대신에 아이들용 보호 매트를 사용한다.

 구석구석 부지런히 청소를 하자

알레르기 질환을 예방하기 위해 깨끗한 환경은 필수다. 엄마가 힘들더라도 가족들의 건강을 위해서 즐거운 마음으로 청소를 하자.

곰팡이를 없애자

곰팡이는 습기 찬 곳에서 살기 쉽다. 특히 오래된 집의 벽장, 목욕탕, 장판 밑 등을 살펴보면 어김없이 곰팡이들이 살고 있다. 우선 습기 찬 곳을 없애야 하고, 곰팡이가 있는 표면을 깨끗하게 청소한다.

바퀴벌레는 박멸하자

바퀴벌레도 알레르기를 유발하는 요인 중 하나이다. 바퀴벌레는 번식성이 좋아 집 안에 한번 생기면 없애기 쉽지 않다. 바퀴벌레가 살지 못하도록 집 안의 음식물을 잘 간수하고 바퀴벌레가 보이기 시작하면 빨리 약품을 이용해 없앤다.

헤파 필터 진공청소기를 사용하자

눈에 보이지는 않지만 집 안 구석구석에 쌓여있는 먼지들은 알레르기를 악화시키는 주범들이다. 헤파 필터가 있는 진공청소기를 이용해 곳곳에 숨어있는 먼지를 깨끗하게 없앤다. 일반 청소기는 알레르기를 일으키는 먼지제거에 크게 도움이 되지 않으며, 헤파 필터가 있는 진공청소기는 과학적으로 검증되지는 않았지만 일부 도움이 될 수도 있다.

그러나 가장 먼저 해야 할 일은 침구류를 특수 커버로 싸는 것이다.

걸레를 사용하자

TV나 냉장고, 장식장 위에 소복이 쌓이는 먼지는 털어내기 힘들다. 가구 위에 쌓이는 먼지는 깨끗한 물걸레를 이용해 닦아내는 것이 좋고 바닥도 물걸레로 닦아내는 것이 좋다.

빨래하고 털어내고 말리자

아이가 깔고 덮고 자는 이불은 항상 청결한 상태를 유지해야 한다. 자주 빨고 햇볕에 말려 뽀송뽀송한 상태에서 잠자리에 들 수 있도록 해준다.

◉ 일주일에 한 번 아이와 이불 빨래를 하자

이불과 담요는 자주 빨수록 좋지만 매일매일 세탁할 수는 없다. 그래도 일주일에 한 번은 꼭 빨래한다. 목욕탕에 물을 받아 놓고 아이와 함께 이불을 빨면 아이도 즐거워하고 엄마도 재미있다. 빨래할 때의 물 온도는 55℃ 이상이어야 하고 너무 강한 세제를 쓰지 않는다. 이불과 담요에 세제가 남아 있지 않도록 깨끗한 물에 여러 번 헹구어낸다.

◉ 매일 햇볕에 널자

날씨가 흐린 날을 제외하고는 아침마다 매일 이불과 담요를 햇볕에 넌다. 먼저 발코니에 이불을 걸어놓고 먼지를 털어내고 뽀송뽀송해질 때까지 햇볕에 말린다. 처음에는 번거롭게 느껴질지 모르지만 매일 아침에 습관처럼 하면 어렵지 않다. 이불을 널 때도 아이를 참여시켜 놀이처럼 하면 좋다.

쾌적한 환경을 유지하자

알레르기 질환과 같은 환경병은 쾌적한 온도, 습도를 유지하고 집 안을 맑은 공기로 유지하는 것이 생명이다.

◉ 가습기를 사용하자

알레르기 질환은 습도에 민감하게 반응하기 때문에 적정한 습도를 유지하는 것이 중요하다. 실내 습도는 40~50% 정도로 높지 않게 유지하는 것이 좋으며, 가습기를 이용하여 조절한다. 그런데 가습기를 사용할 때는 청소가 중요하다. 오랫동안 청소를 하지 않고 사용하면 오히려 알레르기 질환을 악화시킬 수 있다.

◉ 하루에 두 번 환기시키자

아파트는 구조상 일부러 문을 열어놓지 않으면 환기가 어렵다. 특히 겨울철에는 하루 종일 환기를 시키지 않아 갇힌 공기에서 지내야 할 때가 많아 알레르기 질환을 앓는 아이들에게 치명적이다. 자주 환기시키는 것이 좋지만 힘들다면 하루에 적어도 두 번은 환기시킨다.

◉ 헤파 필터가 있는 공기청정기를 사용하자

실내의 공기를 깨끗하게 정화하는 헤파 필터 공기청정기를 사용한다. 아직까지 그 효과가 과학적으로 입증되지는 않았지만 헤파 필터가 있는 공기청정기는 일부 도움이 될 수도 있다.

환경병 잠재우는 식이요법 4단계

 알레르기 예방 식이요법은 이렇게!

사탕, 과자, 아이스크림이 세상에서 가장 좋다는 다섯 살 지훈이가 병원을 찾았다. 어느 날부터인가 팔의 접히는 부분을 긁기 시작하더니, 목의 접히는 부분을 긁고, 다시 무릎의 접히는 부분을 긁었다. 몸 구석구석이 알레르기 질환을 앓고 있었다. 알레르기 질환은 쉽게 완치되는 병이 아니므로 장기적으로 봐야 한다. 호전되는 듯하다 약간만 소홀히 해도 어느 순간 나타나 엄마와 아이를 괴롭히는 병이기 때문이다. 그러나 불치의 병도 아니다. 항상 조심하고 주의를 기울이면 일상생활을 하는 데 전혀 지장이 없으므로 엄마가 항상 환경을 비롯한 먹는 음식에 주의해야 한다. 특히 알레르기 질환 예방에는 먹거리가 환경 못지않게 중요하다. 실제 먹는 것을 개선함으로써 훨씬 나아진 사례가 많다.

알레르기를 일으키는 환경병을 예방하는 식이요법의 원칙은 간단하다. 알레르기를 유발하는 음식을 피하고, 면역 체계를 강화하는 음식을 먹는다. 그리고 몸에 좋지 않은 인스턴트 음식, 가공 식품, 패스트푸드를 먹지 않는 것이다. 즉, 좋은 음식은 먹고, 나쁜 음식은 피한다. 이와 같은 기본 원칙을 갖고 식이요법을 하면서, 다음과 같은 원칙을 기억하도록 하자.

◉ 주변에 널리 알리자

집에서 인스턴트 음식을 먹이지 않는다고 해도 아이의 단체 생활까지 간섭하기는 어렵다. 아이가 아토피 피부염, 비염, 천식과 같은 알레르기 질환이 있다면 어린이집이나 유치원 등 아이가 속해있는 단체에 충분히 설명하여 가능하면 인스턴트 음식을 피하도록 한다.

◉ 확인되지 않은 약물과 민간요법은 No!

알레르기 질환은 특성상 쉽게 치료되지 않는다. 그러다보니 주변에서 권하는 약품과 민간요법이 많다. 아이마다 체질이 다르고 반응하는 정도가 다르기 때문에 우리 아이에게 맞지 않거나 위험할 수 있다. 따라서 의사의 처방을 따르지 않고 확인되지 않는 음식과 약물을 먹이는 것을 삼간다.

◉ 사랑하는 마음이 가장 중요하다

아토피 피부염이 언젠가는 낫겠지 하는 막연한 믿음도 문제이지만 엄마가 너무 조급하게 대응해도 아이에게 좋지 않은 영향을 미친다. 아이가 과자를 먹고 싶어 한다고 무조건 화를 내거나 짜증을 내는 것은 좋지 않다. 대신 아이에게 알레르기 질환이 무엇인지, 인스턴트식품을 먹지 말아야 하는 이유 등을 충분히 설명한다. 그리고 아이의 짜증과 신경질을 사랑하는 마음으로 감싸주고 안아준다.

 Dr Kim 클리닉 태열이 있는 아기는 모유를 먹인다

아토피 피부염을 태열이라고도 하는데, 태어난 지 얼마 되지 않은 아기들의 경우 태열이 나타나는 경우가 많다. 흔히 열꽃이 핀다고 하는데 얼굴을 비롯해 온몸이 울긋불긋해진다. 예전에는 태열이 나타나도 조금 크면 자연스럽게 낫는다고 이야기했지만, 태열이 있다는 것은 알레르기성 체질을 가지고 있다는 것을 의미하므로 엄마가 항상 주의를 기울인다. 아기에게 태열이 나타나면 분유보다는 모유를 먹이는 것이 좋고, 이유식 시기도 늦추는 것이 좋다.

 1단계 : 우리 아이에게 맞지 않는 음식 골라내기

아이가 알레르기 반응을 보이는 음식이 있다면 엄마가 충분히 주의를 기울여야 한다. 우리 아이가 반응을 보이는 음식을 다른 사람이 가려내기는 어렵다. 따라서 아이가 먹는 음식을 꼼꼼하게 메모하여 반응을 살펴보고, 알레르기를 일으킨다면 먹이지 않도록 한다.

알레르기를 일으키는 음식으로는 돼지고기, 쇠고기, 닭고기와 같은 육류, 조개, 새우와 같은 어패류, 우유를 포함한 유제품, 복숭아, 사과와

같은 과일에 이르기까지 다양하지만, 가장 대표적인 음식으로는 우유, 달걀, 돼지고기, 복숭아, 사과, 땅콩 등이 있다. 이러한 사전 지식을 갖고 가장 먼저 우리 아이에게 맞는 음식과 맞지 않은 음식을 골라내도록 한다.

조금 번거롭더라도 식사 일지를 적는 것이 좋다. 큰 부담 갖지 말고 어떤 재료를 사용해 어떻게 요리해서 무엇을 먹었다는 것을 기록하는 형태이다.

[식사 일지 사례]
4월 20일 아침
계란찜 : 계란 2개를 풀어서 전자레인지에 3분간 조리했다.
생선구이 : 식용유를 두르고 조기를 3분간 구웠다.
결과 ⇒ 눈 주위가 약간 붉어짐. 계란에 반응을 보인 것으로 추정됨.

먹었을 때 반응이 나타나면 식사 일지를 살펴보고 어떤 재료에 반응했는지 분석하도록 한다. 별다른 이상이 없으면 반응이 없는 식품 위주로 조리해서 먹이고, 2주일 정도 다른 재료를 섞어서 음식하기를 반복한다. 알레르기 반응을 보이는 음식을 찾아내기 위해서는 위와 같은 과정을 몇 달간 반복하는 것이 효과적이다.

2단계 : 대체 음식 연구하기

식사 일지를 적어서 우리 아이가 먹으면 안 되는 식품이 가려졌다면, 원칙적으로는 알레르기 반응을 일으킨 식품을 뺀 식사를 해야 한다. 이때 반응을 일으킨 식품뿐 아니라 그 식품이 들어있는 식품도 먹지 말아야 한다는 사실에 주의하자. 예를 들어, 우유에 알레르기 반응이 있다면 우유가 함유된 치즈, 요구르트, 아이스크림, 버터는 피해야 한다. 이러한 제한 식이는 전문의의 진찰과 상담을 거친 후에 이루어져야 한다. 언제 다시 먹일까에 대해서도 개인차가 있으므로 상담을 통해 결정한다.

그 다음 단계에는 알레르기를 일으키는 식품과 영양학적으로 유사한 식품을 먹는 것이다. 이때 주의할 점은 식품간의 교차 반응으로 유사 식품에 대해서도 알레르기 반응이 일어날 수 있다. 예를 들어, 우유에 알레르기 반응이 있다면 산양유에도 반응이 일어날 가능성이 많다는 것이다.

음식을 조리하는 방법을 바꾸는 것도 방법 중 하나이다. 음식을 생으로 먹는 것보다 삶거나 데치거나 가열한 음식이 알레르기에 덜 반응할 수 있다. 그러나 조리 방법과 가열 시간에 차이가 있을 수 있으므로 주의해야 한다.

알레르기 식품과 대체 식품

알레르기 식품	피해야 할 식품	대체 식품
우유	치즈, 아이스크림, 요구르트, 크림스프, 버터	코코아
계란	마요네즈, 푸딩, 계란이 함유된 식품	두부, 계란 없이 구운 빵
돼지고기	베이컨, 소시지, 돼지고기로 만든 소스	쇠고기
밀	밀가루로 만든 식품, 국수, 과자	쌀로 만든 빵, 고구마
고등어	꽁치, 삼치와 같은 등 푸른 생선	도미, 광어, 동태

3단계 : 면역력 강화시키는 음식 먹이기

면역력은 외부의 바이러스나 세균으로부터 우리 몸을 스스로 보호하는 힘이다. 면역력이 강해지면 외부의 바이러스나 세균에 노출되어도 민감하게 반응하여 병에 걸리지 않는 것이다. 알레르기 질환에 걸린 아이들은 대부분 면역력이 없기 때문이다. 우리 몸의 면역력을 강화시키기 위해서는 모든 음식을 골고루 잘 먹는 것이 좋은데, 특히 좋은 음식이 있다.

◉ 잡곡밥을 먹어라

우리가 매일 먹는 쌀도 면역력을 강화시키지만, 특히 현미, 보리, 메밀, 율무와 같은 잡곡은 면역력을 배가시키는 효과가 있다. 잡곡의 섬유질은 몸에 있는 나쁜 노폐물을 배출시키고 피를 맑게 해줌으로써 알레르기를 일으키는 나쁜 성분들을 없애준다. 따라서 흰쌀밥 대신에 여러 가지 잡곡을 섞어서 먹는다.

◉ 녹황색 채소를 먹어라

녹황색 채소는 비타민 A, 비타민 B, 비타민 C가 풍부하여 우리 몸의 면역계를 튼튼하게 해준다. 녹황색 채소에 들어 있는 무기질과 섬유질은 우리 몸의 혈액 순환을 원활하게 해주어 몸속의 나쁜 노폐물을 배출시키고 정화시키는 효과가 있다. 따라서 녹황색 채소와 제철 과일을 충분히 섭취하여 면역력을 강화시키자. 특히 오이, 당근, 샐러리와 같은 야채는 알레르기를 개선시키는 데 효과가 높다.

☻ 바다에서 나오는 해조류를 먹어라

김, 미역, 다시마, 파래 등의 해조류에 들어 있는 요오드는 몸속의 나쁜 독성을 제거하여 피를 맑게 해주는 최고의 식품이다. 장기적으로 체질 개선을 위해서는 잡곡밥과 미역국을 꾸준히 먹는 것이 좋다.

☻ 육류 대신에 식물성 단백질을 먹어라

육류는 가능하면 피하는 것이 좋은데, 먹고 싶다면 굽는 것보다 찌거나 데쳐서 지방을 제거하고 먹는다. 한창 자라는 아이가 단백질 섭취를 하지 않으면 성장에 문제가 있을 수 있으므로 식물성 단백질이 풍부한 콩이나 두부를 대체 식품으로 먹는 것이 좋다. 또한 참기름과 들기름과 같은 식물성 기름을 섭취하면 단백질과 아토피 피부염에 좋은 비타민 E를 동시에 섭취하는 효과가 있다.

 ## 4단계 : 몸에 좋지 않은 음식 끊기

알레르기 질환을 악화시키는 음식은 개인에 따라 다르지만 보통 사탕, 아이스크림, 초콜릿처럼 당분이 많은 음식, 식품첨가물이 들어가는 과자, 맵고 짠 자극적인 음식들이다. 또한 인스턴트 음식과 패스트푸드, 아이들이 좋아하는 라면과 자장면도 절대로 피해야 할 음식이다.

◉ 볶거나 튀긴 음식

기름기가 많은 음식은 소화 흡수를 잘 시키지 못해 알레르기 질환을 악화시킬 수 있다.

◉ 아이스크림, 팥빙수

지나치게 차가운 음식은 천식과 비염에 좋지 않으며 기관지의 염증을 더욱 악화시킬 수 있다. 여름에 덥다고 지나치게 차가운 음식을 먹지 않도록 한다.

◉ 밀가루 음식

밀가루 음식은 소화가 잘 되지 않기 때문에 소화 기관에 무리를 주어 알레르기 원인을 증가시킬 수 있다. 칼국수, 빵과 같은 밀가루 음식은 먹이지 않는 것이 좋다. 인스턴트식품과 패스트푸드도 당분이 많이 들어 있어 고른 영양소 섭취를 방해한다.

◉ 맵거나 짠 음식

맵고 짠 음식은 몸속의 칼슘을 많이 소모시켜 영양소 불균형을 일으키기 쉽다.

PART
5

아이 망치는 소아 비만 예방이 최선!

아이가 무엇이든지 잘 먹으면 그것처럼 뿌듯한 일이 없다. 그러나 요즘은 너무 잘 먹어서 통통한 느낌이 들면 '소아 비만'이 아닌지 의심해야 하는 시대가 되었다. 최근 들어 소아 비만이 사회적인 문제로 대두될 만큼 관심을 끌고 있기 때문이다. 소아 비만은 비만에서 멈추지 않고 당뇨병, 고지혈증, 고혈압과 같은 성인병을 동반하여 심각성을 더하고 있는데, 어릴 때부터 성인병이 진행된다면 성인이 되었을 때의 건강이 얼마나 악화될지는 짐작하고도 남을 일이다.

그렇다면 우리 아이를 소아 비만, 그리고 소아 성인병으로부터 예방하는 길은 무엇일까? 가장 먼저는 식습관의 혁명을 꾀해야 하는데, 밥상 혁명은 하루아침에 이루어지는 것이 아니다. 소아 비만의 증상이 나타난 아이들은 대부분 인스턴트 음식이나 패스트푸드 음식을 즐기거나 고칼로리 음식을 좋아하는 것은 물론 잘 움직이지 않으려는 생활습관을 갖는다는 공통점이 있다. 이렇게 오랫동안 고착된 식습관과 생활습관을 고치기 위해서는 함께 생활하는 가족들이 함께 노력하고, 시간적인 여유를 두고 하나씩 실천하는 자세가 필요하다.

소아 성인병의 현주소

 호환마마보다 무서운 소아 비만

또래 친구들보다 몸무게가 5kg 정도 많은 25kg인 여섯 살 재성이가 엄마 손을 잡고 병원을 찾아 왔다. 평소 운동하는 것을 싫어하고 숨이 차서 제대로 뛰지 못하는 모습을 보고 엄마는 불안해졌다. 혹시나 하는 마음에서 여러 가지 검사를 했는데 역시 재성이는 다른 아이들보다 혈압이 높은 고혈압에 당뇨 증세까지 있었다.

재성이 엄마는 "재성이가 또래 아이들보다 몸무게가 많이 나간다는 것은 알았지만 고혈압과 당뇨병이라니요. 어린 아이에게 어떻게 그런 병이 올 수 있지요?" 하고 울먹이며 질문 아닌 질문을 던졌다.

비만이 성인에게만 문제되는 것이 아니라 어린아이들에게도 악영향을 미쳐 고혈압, 고지혈증, 당뇨병과 같은 성인병을 유발하고 있다는 충격적인 사례가 속속 보고되고 있다. 따라서 조금이라도 비만이 의심되면 주저 없이 검사를 받아야 한다.

비만은 전 세계적으로 지난 20~30년간 전염병이라고 불릴 정도로 급속히 늘었는데, 소아 비만도 최근 급속도로 늘고 있어서 심각한 사회 문제로 야기되고 있다. 먹거리가 예전에 비해 풍성해지면서 아이들이 소비하는 열량에 비해 더 많은 음식을 섭취하는 데 그 원인이 있다. 특히 편리한 식생활을 추구하다보니 잦은 외식으로 열량이 높은 음식을 섭취할 기회가 많고, 피자와 햄버거와 같은 인스턴트 음식으로 끼니를 때우는 아이들이 늘어나면서 생활에 필요한 에너지보다 훨씬 높은 열량을 섭취하게 된다.

일상생활에서 소비하는 에너지가 예전에 비해 줄어든 것도 원인이다. 주거환경이 아파트 위주로 바뀌면서 뛰어놀 공간이 부족하고 그나마 한창 친구들과 뛰어놀아야 시기에 유치원, 어린이집이라는 정해진 공간에서 움직여야 한다. 또한 유치원이 끝난 후에도 여러 가지 특별 활동 시간에 맞춰 옮겨 다니느라고 바쁜 일상을 보낸다.

게다가 집에서 움직이는 시간은 줄고 TV와 컴퓨터 앞에 앉아 있는 시간이 걱정될 정도로 늘었다. TV 앞에서 정신없이 비디오를 시청하는 아이, 컴퓨터 앞에서 자판기를 두드리며 게임에 몰두하는 아이들을 흔히 볼 수 있는데, TV중독증이나 게임중독증과 같은 문제 이외에 운동부족으로 인한 비만이라는 또 다른 질병이 도사리고 있다는 사실을 알아야 한다.

# 소아 비만의 또다른 얼굴 소아 성인병

소아 비만의 진짜 문제는 고혈압, 동맥경화, 당뇨와 같은 성인병으로 이어져 아이 건강에 심각한 영향을 미친다는 것이다. 이러한 소아 성인병은 비만이라는 눈에 보이는 문제에 가려 별다른 자각 증세 없이 진행된다는 문제를 안고 있다. 비만 아이들은 성인병의 잠재적인 위험인자를 갖고 있다가 어느 날 갑자기 성인병을 일으킬 수 있는 성인병 예비군들인 셈이다.

◉ 고혈압에 걸리기 쉽다

비만인 어린이는 그렇지 않은 어린이보다 고혈압에 걸릴 확률이 2배로 높다. 그 이유를 살펴보면 분명하다. 비만이 되면 신체의 체적이 커지게 되고, 부피가 늘어난 신체의 구석구석까지 혈액을 공급하려면 보통 체격의 아이들보다 더 많은 혈액이 필요하게 된다. 따라서 단위 시간 내에 흘러가는 양도 증가하고, 그 결과 혈액에 가해지는 압력이 높아져 고혈압이 되는 것이다.

고혈압을 치료하지 않은 상태에서 10세가 넘는 비만아는 성인이 되어서도 고혈압이 될 확률이 높다. 이때 어린이는 약을 먹는 것보다는 식이요법과 운동요법으로 감량 계획을 세우면 된다. 비만과 동반되는 고혈압은 체중 감량만 해도 정상으로 돌아오기 때문이다.

◉ 고지혈증에 걸리기 쉽다

비만인 아이는 신체의 지방이 증가할 뿐만 아니라 혈중의 지방도 증가하게 되는데, 이러한 상태를 고지혈증이라고 한다. 혈중 지방 중에서도 동맥경화를 진행시켜 문제가 되는 콜레스테롤과 중성지방이 정상보다 많은 상태를 말한다. 고지혈증은 음식물에서 섭취하는 과도한 지방과 체내에서 만들어지는 지방이 증가하기 때문에 생기는데 이를 방지하기 위해서는 동물성 지방 대신에 식물성 지방을 섭취하도록 한다. 고지혈증은 또한 동맥경화를 진행시킨다.

◉ 동맥경화에 걸리기 쉽다

동맥경화란 말 그대로 동맥의 벽에 콜레스테롤이 침적되어 딱딱하고 약해지면서 내부가 좁아지는 것을 말한다. 산소가 들어 있는 혈액을 온몸 구석구석에 운반해야 하는 동맥의 벽이 좁아졌으니 위험한 것은 당연하다. 이러한 동맥경화는 고혈압이나 혈중에 지방이 많은 상태인 고지혈증 등의 질병이 있으면 더욱 빠르게 진행된다.

동맥경화가 심해져 심장의 혈관이 좁아지면 협심증이나 심근경색을 일으키고, 뇌에 연결된 혈관에 발생하면 뇌경색을 일으킨다. 심근경색이나 뇌경색은 성인 사망의 대부분을 차지할 정도로 심각한 성인병인데, 그 원인이 되는 동맥경화와 고혈압은 이미 유아기 때부터 진행되고 있다는 사실은 의미하는 바가 크다.

◉ 당뇨에 걸리기 쉽다

비만은 섭취한 에너지가 소비하는 에너지보다 초과할 때 생긴다. 이때 남아도는 에너지가 지방의 형태로 바뀌어 몸에 쌓이면 우리 몸은 혈당을 조절하기 위해 더 많은 양의 인슐린을 필요로 한다. 이때 인슐린 작용에 저항이 생겨 인슐린이 충분히 나와도 포도당은 세포 안으로 들어가지 못하고 핏속에 그대로 남아 있게 되어 혈당치가 높아지게 된다. 이렇게 비만 아이의 경우 혈당을 조절하는 호르몬인 인슐린이 제대로 작용하지 못하여 당뇨병으로 이어질 확률이 높다.

◉ 성장장애를 일으킨다

비만아는 사춘기가 일찍 시작하여 그만큼 성장이 멈추는 시기가 당겨져 성장장애를 일으킨다. 언뜻 보기에는 또래 친구들에 비해 체격이 크고 키가 큰 것 같지만 사춘기가 일찍 옴으로 인해 성장판이 일찍 닫히게 되고, 성인이 되어서는 작은 키로 남는 것이다.

유아기 비만 특히 주의하라

비만은 언제든지 나타날 수 있지만 특히 영아기, 5~6세, 청소년기에 나타나기 쉽다. 특히 5~6세의 유아기 비만을 주의해야 하는데, 이 시기의 비만은 청소년기로 이어지고 다시 성인 비만으로 이어질 확률이 30% 이상이다. 이렇게 많은 아이들이 비만한 성인이 되는 이유는 지방세포 수의 증가와 관련 있다. 비만은 지방세포 수가 늘어나거나 세포의 크기가 커지면서 생기는데, 알려졌다시피 한번 늘어난 지방세포 수는 줄어들지 않는다는 특징이 있다. 유아기의 비만은 지방세포 수가 늘어나는 비만으로 한번 증가된 세포 수가 줄어들지 않고 성인이 되어서도 괴롭히는 것이다.

유아기의 비만에 주의를 기울여야 하는 또 하나의 이유는 자칫 잘못하면 치료 시기를 놓칠 수 있기 때문이다. 유아기 아이들은 통통해도 귀엽게 느껴지기 때문에 비만 치료의 필요성을 절실히 느끼지 못하는 경우가 많다. 그러다 보니 비만인 상태로 유아기를 놓쳐 버리고 비만 아동으로 성장하기 쉽다.

다른 측면에서 보면 유아기 비만이 가장 치료하기 쉬운 시기이기도 하다. 이 시기 아이들은 비만이라도 활동량이 많고, 엄마의 노력에 의해 얼마든지 생활습관과 식습관을 교정할 수 있는 시기이기 때문이다. 즉, 얼마든지 노력에 의해 비만을 정상으로 돌려놓을 수 있는 시기라는 의미이다.

 Dr Kim 클리닉 **영아기 비만도 무시 못 한다**

0~2세의 영아기 비만도 무시할 수 없는데, 태어날 때 2.5kg 미만이었거나 4.0kg 이상이었다면 관심 있게 지켜볼 필요가 있다. 저체중 아기가 무슨 문제일까 싶지만 작게 태어난 아기는 자기 몸에 에너지를 축적하려는 경향이 있어 비만이 될 수 있다. 또한 체중 증가율이 표준보다 빠른 아기도 관심을 가져야 한다.

영유아 비만을 예방하기 위해서는 모유 수유를 하는 것이 좋다. 인공적으로 영양을 공급하는 분유는 아기의 영양 불균형을 초래할 수 있으므로 주의하고, 단맛을 내는 이유식을 피하도록 한다.

내 아이는 비만일까?

 우리 아이 '비만도' 쉽게 알아보자

비만을 예방하기 위해서는 우리 아이가 정상적인 범주에 속하는지 아닌지를 알아봐야 한다. 비만인 경우 어느 정도 비만인지를 알아야 앞으로의 개선 프로그램이 나온다. 유아기에는 정기적으로 키와 몸무게를 측정해서 표준 키와 몸무게와 비교해서 우리 아이가 비만인지 확인해야 한다.

비만을 측정하는 방법에는 여러 가지 방법이 사용되고 있는데, 소아 비만을 측정하기는 여간 까다로운 일이 아니다. 성인의 경우 비만을 측정하는 대표적인 방법이 체질량지수(BMI)이다. 이 방법은 신장과 체중을 이용해 몸속 지방의 양을 측정하는 것으로 체질량지수 25 이상을 과체중, 30 이상을 비만이라고 정의한다. 그러나 한창 성장하는 시기의 아이들의 경우 나이에 따라 키, 몸무게가 변화하기 때문에 동일한 방법을 적용할 수 없다.

그래서 백분위수로 과체중과 비만을 확인할 수 있다. 백분위수란 100명의 아이들이 있다고 가정할 때 몇 번째에 해당하는지를 따지는 방법으로 85~95 사이이면 과체중, 95 이상이면 비만이라고 정의한다.

과체중	성별, 연령별 체질량지수의 85~95백분위수 미만
비만	성별, 연령별 체질량지수의 95백분위수 이상

여기서는 집에서 엄마들이 간단하게 해볼 수 있도록 비만도를 측정하는 방법을 알아보자. 신장별 표준체중을 기준으로 하여 비만도를 계산하는 방법이다.

비만도(%) = (실제 체중 − 신장별 표준 체중) / 신장별 표준 체중 × 100

20~30% 미만	경도 비만
30~50% 미만	중등도 비만
50% 이상	고도 비만

예를 들어 우리 아이가 키 120cm에 몸무게가 28kg의 남자 아이라면 다음과 같이 계산을 한다. 키 120cm의 남자 아이의 표준 체중은 23kg이므로 다음과 같은 계산식이 성립된다.

$$(28-23) / 23 \times 100 = 21.7$$

결과는 약간 비만한 경도 비만이다. 계산식에 나온 비만도에 따라 앞으로의 개선 방향도 나온다. 유아기의 특성을 고려해서 경도 비만이라면 비만도를 20% 아래로 낮추는 것이 목표이지만, 키가 한창 성장하는 시기이므로 체중을 줄이는 것보다는 유지하는 것을 목표로 한다.

중등도 비만이라면 전문적인 관리에 들어가야 하는데, 전문의를 통해 식이요법과 운동프로그램을 처방받는 것은 물론 고혈압, 당뇨, 고지혈증과 같은 합병증이 있는지를 확인해야 한다. 합병증이 있으면 적극적인 감량을 해야 한다.

소아의 신장별 표준체중

신장(cm)	남아(kg)	여아(kg)
98~100	15.4	15.2
104~106	17.2	17.0
108~110	18.6	18.3
114~116	20.5	20.5
118~120	22.1	21.9
124~126	25.0	24.6
128~130	27.2	26.7
134~136	30.5	30.2
138~140	33.4	33.1
144~146	38.5	37.4
148~150	41.9	41.8
154~156	46.0	49.0
158~160	49.0	52.0

일주일 정도의 시간을 두고 매일 아이의 생활을 체크해 보자. 보통 비만인 아이들의 경우 생활습관, 식습관에 총체적으로 문제가 있고, 운동을 하지 않는다는 공통점이 있지만, 체크를 많이 하는 항목이 있으면 집중적으로 개선해야 한다.

1 아침에는 몇 시에 일어났나요?

2 아침 식사를 했나요?

3 정해진 시간에 규칙적으로 식사를 했나요?

4 식사 시간을 재어보니 몇 분 정도 걸렸습니까?

5 식사는 식탁에서 하였나요?

6 간식을 먹었나요? 먹었다면 무엇으로 몇 회 먹었나요?

7 저녁 식사 후에 야식을 먹었나요?

8 과자나 음료수를 먹었나요?

9 오늘 TV를 몇 시간 정도 보았나요?

10 오늘은 외식을 하였나요? 외식을 하였다면 무엇을 먹었나요?

11 TV를 보면서 과자나 음식물을 먹었나요?

12 컴퓨터 게임을 몇 시간 하였나요?

13 아이가 어린이집이나 유치원에서 몇 시간을 보내나요?

14 방과 후 교실에서 몇 시간을 보내나요?

15 누워있는 시간은 어느 정도인가요?

16 저녁에 몇 시에 잠들었나요?

17 아이의 아침 식사 메뉴는 무엇인가요?

18 점심 식사 메뉴는 무엇인가요?

19 저녁 식사 메뉴는 무엇인가요?

20	아이가 좋아하는 음식은 무엇인가요?
21	아이가 자주 먹는 음식은 무엇인가요?
22	오늘은 운동을 어느 정도 했나요?
23	바깥 놀이는 어느 정도 했나요?
24	주말에는 가족이 함께 운동을 하나요?

심각한 비만이 아니라면 식사를 조절하고, 운동을 하고, 생활습관을 개선함으로써 충분히 극복할 수 있다. 하지만 아이가 비만하다는 결과가 나와도 엄마가 스스로 비만 예방 프로그램을 짜는 것은 쉽지 않다. 비만을 치료하기 위해 혹은 비만을 예방하기 위해 프로그램을 구성했더라도 아이에게 실제 적용하기가 상당히 힘들다.

인내심이 부족한 아이들을 대상으로 규칙적인 생활과 운동을 요구하기 힘들다는 이유도 있지만, 그보다는 엄마가 구체적인 개선 방향과 목표를 세우지 않았기 때문이기도 하다. 막연하게 '아이의 음식 섭취량을 줄이고 운동을 하루에 1시간씩 시켜야지'는 여자들이 살을 빼기 위해 '오늘부터 저녁을 굶고 매일 아침마다 일찍 일어나 운동을 해야지' 결심하는 것처럼 막연한 계획이다.

'지피지기면 백전백승'이라는 말이 있는 것처럼 비만 예방 프로그램을 짜기 위해서도 구체적으로 아이의 식습관과 생활습관을 꼼꼼하게 기록해 보고 문제점이 무엇인지 파악하는 것이 먼저이다. 일주일 정도의 시간을 두고 아이의 생활을 기록해 보도록 하자.

무엇을 어떻게 개선할지 정하라

일주일 정도 아이의 일상생활을 체크해보면 우리 아이가 하루를 어떻게 보내고 있는지 대략적인 윤곽이 잡힌다. 막연하게 생각하고 지켜보는 것보다 항목에 꼼꼼하게 기록하고 체크하면 더욱 정확하므로 지루하더라도 날짜별로 체크해보자. 일주일 후에는 우리 아이의 비만 원인을 파악할 수 있다. 지금 현재 비만하지는 않더라도 비만이 될 수 있는 생활습관과 식습관이 무엇인지 알 수 있다.

◉ 생활습관을 개선하라

비만의 증후가 보이는 아이들에게는 대부분 생활습관에 문제가 있으며, 경도 비만의 경우 생활습관을 교정함으로써 정상이 될 수 있다. 그러나 생활습관은 특성상 하루아침에 이루어지는 것이 아니라 뿌리가 깊어 몇 개월 혹은 그 이상의 노력이 필요하다. 한꺼번에 나쁜 생활습관을 고치려고 하지 말고 하나씩 목표를 세워놓고 고쳐나가는 것이 좋다. 또한 생활습관은 한 사람만의 교정으로 가능하지 않고 가족이 함께 고쳐나간다는 마음을 가져야 한다.

◉ 식이요법으로 조절하라

거창하게 식사일지를 쓰지 않더라도 일주일 정도 우리 아이가 아침, 점심, 저녁 식사에 무엇을 먹는지 살펴보면 문제점을 알 수 있다. 소비되는 에너지에 비해 과다하게 음식을 먹는다든가 조림이나 볶음보다는 튀

192

긴 음식과 같은 기름진 음식을 많이 먹고 있다면 식이요법을 통한 조절
이 필요하다. 한창 성장해야 하는 어린이이기 때문에 식이요법을 할 때
는 무조건 열량을 줄이고, 몸무게를 줄이는 것이 아니라 지방 섭취량을
줄이면서 대신 단백질과 무기질과 같이 성장에 필요한 에너지를 공급하
도록 해야 한다.

◉ 운동요법으로 조절하라

우리 아이가 규칙적으로 하는 운동이 없고 움직이는 것을 싫어한다면
운동이 부족한 경우이다. 어릴 때 운동을 싫어하는 아이들은 성인이 되
어서도 싫어한다는 통계가 있다. 따라서 성인이 되었을 때의 건강을 생
각해서라도 어릴 때부터 운동습관을 갖도록 하는 것이 무척 중요하다.

그런데 운동이 부족하다고 갑자기 무리해서 운동을 시키면 아이를
더욱 의기소침하게 만들 수 있다. 아이들이 어떤 운동을 좋아하는지 관
찰하고 서서히 시간을 늘려나가는 방식이 좋다.

엄마, 아빠가 함께 하는 생활요법

 부모가 비만이면 아이도 비만이다

비만한 부모에게 태어난 아이가 비만일 확률은 어느 정도일까? 엄마가 비만일 경우 60%가 비만, 아빠가 비만일 경우 40%가 비만, 부모 모두가 비만일 경우는 70%가 비만이라는 통계 결과가 있다. 그만큼 비만은 유전적인 요소가 강하다.

그러나 다른 측면에서 보면 비만은 유전이라기보다는 가족력이라고 볼 수 있다. 흔히 병원에서 나누어주는 설문지를 살펴보면 가족력을 묻는 질문이 반드시 들어간다. 가족 중 당뇨나 고혈압이 있는지, 암이 있는지 등을 물어보고 체크한다. 가족은 같은 생활습관과 식습관을 갖고 있기 때문에 비슷한 질병에 걸릴 확률이 높으며, 비슷한 증상을 보이기 때문이다.

예를 들어, 엄마가 기름진 음식과 짜고 매운 음식을 좋아하면 아이도 어릴 때부터 기름지고 짜고 매운 음식을 먹고 자라게 되어 성인이 되면 부모가 가진 당뇨, 고혈압, 고지혈증에 걸릴 확률이 높은 것이다.

부모와 자식 간에는 생김새나 성격만 닮는 것이 아니라 병도 닮는다는 말이 있을 정도로 식습관과 생활습관을 공유함으로써 생기는 질병이 많은 셈이다. 따라서 부모 중에서 비만한 사람이 있으면 아이의 비만 여부를 수시로 체크할 필요가 있으며, 가족력으로 인해 집단적으로 비슷한 질병으로 고생하지 않으려면 미리 예방하는 지혜를 발휘해야 한다. 즉, 가족력으로 인한 질병은 환경을 개선함으로써 충분히 예방할 수 있으므로 엄마 스스로 식습관, 생활습관을 체크하고 문제가 있다면 적극적으로 개선해나가야 한다.

◉ 가족이 모두 참으며 자제하라

아이가 야식을 좋아한다면 아빠나 엄마의 식습관을 돌아보자. 분명히 야식을 좋아하는 부모가 존재한다. 그런데 어른의 기존 생활습관을 버리지 않은 상태에서 아이의 생활습관을 고치겠다고 나서는 것은 어불성설. 식구들이 모두 함께 힘을 합쳐 생활습관과 식습관을 바꿔야 한다.

◉ 야식 대신에 과일을 먹는다

야식을 먹는 것도 습관이다. 저녁을 조금 이르게 먹으면 9시쯤 되면 배가 고프다. 하지만 야식은 금물. 출출하면 더욱 기름진 음식이 먹고 싶은데 대신 신선한 과일을 먹도록 한다. 가능하면 아이가 배고프다는 생각이 들지 않게 일찍 잠을 재우는 것도 방법이다.

☺ 외식이 필요하면 저칼로리로 골라라

주말에 외식을 자주 하다보면 자연히 아이들이 좋아하는 음식을 먹게 된다. 아이들은 한식과 일식보다는 중식과 양식을 좋아하는 경향이 있는데, 이런 음식은 열량이 높은 편이다. 가능하면 외식 횟수를 줄이는 것이 중요하며, 외식을 하더라도 열량이 높지 않은 음식이 무엇인지를 생각하고 선택한다. 또한 음식을 시켜 먹을 때도 여러 가지가 포함된 세트보다는 한 가지 메뉴를 선택하고, 샐러드와 같은 요리를 시켜 영양의 균형을 맞춘다.

☺ 엄마와 아이가 약속을 정하라

엄마가 적극적으로 개입해서 교정해줘야 하는 생활습관은 무엇일까? 아이의 일상생활 중에 고쳐야 하는 습관을 미리 적어놓고 천천히 교정해 나간다. 엄마가 말한 대로 고쳐지지 않는다고 화를 내기보다는 아이에게 충분히 설명하고, 약속한대로 잘 했을 때 칭찬하는 지혜가 필요하다.

☺ TV 보는 시간을 정한다

TV를 오래 시청하는 아이일수록 비만일 확률이 높다는 통계조사가 있다. TV의 특성상 한번 보기 시작하면 멈추기 쉽지 않다. 따라서 아이들이 좋아하는 TV 프로그램을 미리 정해놓고 그 시간에만 TV를 시청하도록 약속한다. 최근에는 거실에 있는 TV를 없애는 가정이 늘어나고 있는데, 거실 가운데에 TV를 두기보다는 한쪽으로 치우거나 없애는 것도 좋은 방법이다.

196

◉ 컴퓨터 게임 시간을 정한다

아이들이 좋아하는 컴퓨터 게임. 강압적으로 게임을 못하게 윽박지르기보다는 아이의 관심을 돌릴 수 있는 다른 놀이를 권한다. 아이가 좋아하는 놀이가 무엇인지를 파악하고 레고 놀이, 종이접기 놀이, 소꿉놀이 등을 할 수 있도록 배려해준다.

◉ 바른 자세로 생활한다

아이들은 따라쟁이들이다. 아이가 빈둥빈둥 누워있는 시간이 많거나 누워서 TV를 본다면 엄마나 아빠가 TV 볼 때의 모습을 돌아보자. 엄마와 아빠가 힘들더라도 앉아서 TV 보는 습관을 들이고, 아이에게도 바른 자세로 앉아 있도록 유도한다.

◉ 엄마가 옆에서 챙겨줘라

엄마가 꼼꼼하게 옆에서 챙기며 고쳐주어야 하는 습관들이 있다. 아침 식사하기, 규칙적으로 식사하기, 과자 대신 집에서 만든 간식먹기 등인데 엄마의 세심한 손길로 바로잡을 수 있는 습관들이다.

◉ 아침을 꼭 챙겨 먹는다

아이들은 늦잠을 자면 투정을 부리고 밥 먹기도 싫어한다. 아침을 거르면 점심과 저녁에 허기를 느껴 많이 먹게 되고 간식을 먹게 된다. 따라서 어릴 때부터 아침 식사는 규칙적으로 꼭 하도록 습관 들이는 것이 좋다. 아침을 먹기 싫어하면 아이가 좋아하는 주먹밥을 싸서 주어도 좋다.

◉ 혼자서 밥을 먹지 않는다

엄마가 힘들다고 아이 혼자서 밥을 먹게 하는 것은 좋지 않다. 혼자서 식사를 하면 빠른 속도로 식사를 하게 되고, 빠르게 식사를 하면 포만감을 느끼지 못하고 그만큼 많이 먹게 된다. 폭식은 절대 금물이다. 따라서 가족이 모두 모여 식사하는 습관을 들인다. 혹시 아이 혼자 밥을 먹더라도 옆에 앉아서 아이와 함께 대화를 나누도록 한다.

◉ 엄마가 간식을 만들어준다

과자가 좋지 않다는 것을 알고 있지만 과자의 달콤한 유혹을 이기는 것은 쉽지 않다. 장을 볼 때 아이들에게 좋지 않은 과자를 사주기보다는 간식으로 먹을 만한 꺼리를 준비해 놓는다. 누룽지를 만들어 항상 식탁에 올려놓거나 오이나 당근과 같은 야채를 얇게 썰어 놓아 수시로 먹을 수 있도록 해주면 좋다.

◉ 시원한 보리차를 마신다

아이들의 하루 적정 당분 섭취량이 20g인데, 보통 음료수 한 병에 당분이 20g 이상 들어있는 경우가 대부분이다. 따라서 콜라와 사이다와 같은 음료수를 마시면 당도가 높아 열량을 과잉 섭취할 염려가 있다. 냉장고에 보리차를 끓여 넣어놓고 음료수 대신에 마실 수 있도록 해준다.

◉ 패스트푸드 음식을 먹지 않는다

아이와 함께 외출할 때 엄마가 조금 번거롭더라도 아이와 함께 먹을 음식을 가방 가득 챙기도록 한다. 엄마표 김밥과 함께 시원한 물을 싸고, 간식으로 먹을 과일을 챙긴다면 고민 끝이다.

◉ 식구들이 함께 즐기며 실천하라

비만한 부모는 비만한 아이를 만든다. 엄마와 아빠가 움직이기 싫어하면 아이도 움직이는 것을 좋아하지 않는 경향이 있다. 특히 주말에는 아이들이 간식을 많이 먹는 데 비해 활동량이 절대적으로 부족해 살이 찌기 쉽다. 식구들이 함께 즐기며 움직일 수 있는 시간을 마련하여 비만을 예방하도록 하자.

◉ 주말에 가족끼리 놀러간다

주중에는 그나마 활동을 하다가 주말이 되면 꼼짝도 하지 않고 TV를 보거나 잠만 자는 가족들이 있다. 평소 아빠가 회사 생활하느라 피곤하다는 이유로 늦잠을 자고, 낮잠 자기를 반복하는 것이다. 대신 가족이 함께 즐거운 마음으로 놀이터에 공놀이를 하러 가보자.

◉ 가까운 거리는 걸어간다

뒷산에 약수를 뜨러 가거나 가까운 마트에 물건을 사러갈 때도 자동차를 타고 다닌다면, 그것부터 고치도록 하자. 함께 낱말 맞추기게임이나 끝말잇기게임을 하면서 걸어간다면 따로 시간 내서 운동하는 것보다 효과가 크다.

◉ 바깥 놀이를 즐기도록 해준다

밖에서 친구들과 뛰어노는 것보다 집 안에서 책을 읽거나 정적인 놀이를 좋아하는 아이들이 있다. 이때는 아이들이 바깥 놀이의 즐거움을 알 수 있도록 집 가까운 곳에 텃밭을 마련해 여러 가지 채소를 키워보자. 아이는 살아있는 식물 공부를 할 수 있어 좋고, 가족들은 건강을 챙길 수 있어서 좋다.

◉ 가족이 즐기는 운동을 만들자

아이에게만 달리기를 시킨다든가 줄넘기를 시키면 재미가 없다. 특히 살을 빼야 한다는 강박관념을 갖고 아이에게 운동을 시키면 흥미를 잃기 쉽다. 이럴 때는 가족들이 함께 즐길 수 있는 운동을 마련한다. 온 가족의 건강에 도움이 되면서, 아이에게는 놀이처럼 느껴지는 운동이 이상직이다.

엄마가 살뜰하게 챙기는 식이요법

우선 우리 아이가 자주 먹는 음식을 체크해보자.

Before 우리 아이 현재 식단은 고칼로리 식사

우리 아이가 하루에 먹는 음식을 적어보고 대략적인 열량을 계산해보자. 다음은 아이가 고칼로리 위주의 음식으로 세 끼 식사를 하고, 패스트푸드와 과자로 간식을 먹었을 때 하루에 어느 정도의 열량을 섭취하는가를 보여주기 위한 예이다.

매일 다음과 같은 형태로 식사를 한다면 우리나라 소아 3~5세의 1일 권장량이 1400kcal, 6~8세의 1일 권장량 1500kcal를 기준으로 어느 정도의 열량을 줄여야 하는지 계산이 나온다.

아침	밥 1/2 공기, 쇠고기 미역국 1/3, 감자튀김 2개, 스팸햄 6조각 150 + 30 + 100 + 225 = 505kcal
간식	고깔콘 1봉지, 우유 310 + 125 = 435kcal
점심	자장면 1/2 350kcal
간식	햄버거, 콜라 350 + 100 = 450kcal
저녁	밥 1/2 공기, 된장찌개 1/2, 돈가스 1/2 150 + 50 + 160 = 360kcal

아이가 하루에 섭취하는 열량을 계산해보면 2000kcal가 후딱 넘는다.

After 조리법을 바꾸어 섭취 열량을 줄여라

한 달에 1kg 정도를 감량할 목표를 세워보자. 1kg을 빼는 데 보통 7000kcal 정도를 소모해야 하므로 하루에 250kcal씩 줄이면, 한 달에 1kg을 줄일 수 있다. 조금 더 무리를 해서 2kg을 감량할 목표를 세운다면 하루에 500kcal 정도를 덜 섭취하면 된다.

그런데 체중을 줄이기 위해 갑자기 매일 2회씩 주던 간식을 주지 않거나 식사량을 절반으로 줄이면 아이에게는 매일매일이 고행처럼 느껴질 것이다. 무조건 간식을 주지 않는 대신 열량이 덜 나가는 간식으로 대체하고, 같은 재료를 사용하더라도 튀김보다는 조림과 찜과 같은 저열량 조리법으로 대체해 나간다면 하루에 섭취하는 열량을 줄이는 것이 가능하다.

아침	밥 1/2 공기, 쇠고기 미역국 1/3, 감자조림 1/2, 계란찜 1/2 150 + 30 + 50 + 50 = 280kcal
간식	송편 3개, 우유 150+125 = 275kcal
점심	밥 1/2 공기, 콩나물국 1/2, 고등어조림 1/2, 가지나물 150 + 25 + 90 + 15 = 280kcal
간식	바나나, 우유 100 +100 = 200kcal
저녁	밥 1/2 공기, 된장찌개 1/2, 돼지갈비찜 1/2 150 + 50 + 90 = 290kcal

아이가 하루에 섭취하는 열량을 계산해보면 1325kcal이다. 인스턴트식품을 먹이지 않고 같은 재료를 이용하더라도 조리법을 바꾸어 식단을 작성하면 대략 아이들의 1일 권장 섭취량에 맞출 수 있다.

 성장은 돕고 열량은 제한한다

성인이든 아이든 비만이 되는 이유는 간단하다. 소모되는 열량에 비해 섭취한 열량이 많으면 남는 열량이 체지방으로 축적되어 비만이 되는 것이다. 따라서 소모하는 열량을 늘리는 운동요법과 함께 섭취하는 열량을 줄이는 식사요법이 함께 병행되어야 비만을 치료할 수 있다.

하지만 비만한 아이의 경우 식사요법을 시행하기 무척 까다롭다. 연령, 키, 몸무게에 따라 필요한 에너지가 모두 달라 무조건 섭취 열량을 줄이면 성장장애를 일으킬 수 있기 때문이다.

따라서 우리 아이가 비만이라는 판단이 들면 비만도를 따져보고 식사요법을 시행할지를 결정해야 한다. 아이가 약간 비만인 경도 비만이라면 섭취 열량을 조절해 체중을 줄일 필요는 없다. 체중 유지만 하더라도 성장과 함께 정상 체중이 되기 때문이다. 만약 비만도가 높은 중등도 비만과 고도 비만이라면 섭취 열량을 조절하여 체중을 줄이는 식사요법이 필요하다. 이때도 무조건 섭취 열량을 줄이면 성장에 필요한 에너지가 부족할 수 있으므로 계획된 열량 내에서 단백질, 무기질, 비타민과 같이 성장에 필요한 영양소를 골고루 섭취해 나갈 수 있도록 조절한다.

식사요법을 시작할 때도 단기간 안에 체중을 줄이겠다는 목표를 세우면 실패할 확률이 크고, 비록 원하는 목표대로 체중을 줄였더라도 요요 현상으로 원래의 체중으로 돌아가거나 더욱 비만해질 염려가 크다. '체중은 줄이는 것보다 줄인 체중을 유지하는 것이 더욱 어렵다'는 것이 다이어트를 경험한 사람들의 공통적인 이야기이다.

식사요법을 시행할 때는 아이의 특성을 고려하여 6개월에서 1년 정도의 시간을 두고 서서히 시행하는 것이 좋으며, 엄격하게 먹는 것을 제한하여 지나치게 스트레스를 주는 것보다 엄마가 조리법을 바꿈으로써 섭취 열량을 줄이는 방식이 효과적이다.

조리법의 변화로 저열량 식사 꾀한다

위에서 개선 식단을 보여주었지만 일일이 열량표를 보고 식단을 짜는 일이 보통 일이 아니다. 엄마가 아침, 점심, 저녁 식단표를 짜지 않더라도 하루에 섭취하는 열량을 조절할 수 있는 간단한 방법이 있다. 바로 저열량 식사요법이다. 기존에 식탁에 오른 메뉴 중에서 고열량, 고지방 음식을 빼거나 줄이고, 대신 저열량, 고단백 음식을 섭취하는 것이다. 이때 육류 대신에 생선을 사용하여 재료의 변화를 주는 것도 중요하지만, 조리 방법에 있어서도 튀기거나 볶는 대신에 조리거나 무쳐서 열량을 줄이는 것도 중요하다.

고칼로리 대표 음식	삼겹살, 스팸햄, 감자튀김, 고구마튀김, 돈가스, 스파게티, 볶음밥, 햄버거, 치킨, 갈비, 로스구이, 피자, 자장면, 카레라이스, 철판구이
저칼로리 대표 식품	된장국, 미역국, 콩나물국, 무말랭이, 두부조림, 생선조림, 비지, 무국, 김치, 도라지 무침, 고사리 데침, 콩자반, 삶은 양배추, 생선 조림, 미역무침, 생야채

⊚ 쌀밥을 먹는다 _ 현미 잡곡밥을 먹는다

쌀밥을 먹는 것보다 여러 가지 곡식을 섞은 잡곡밥을 먹으면 영양의 균형을 맞출 수 있고 먹는 양도 줄일 수 있는 이점이 있다. 특히 현미 잡곡밥이 좋은데 현미에는 식이 섬유가 다량 포함된 쌀겨가 남아 있어 체중 조절의 효과가 높다. 그런데 아이가 현미의 깔깔한 맛을 싫어한다면 현미의 비율을 낮추도록 한다.

⊚ 튀김, 볶음 요리를 먹는다 _ 조림, 무침 요리를 먹는다

같은 감자로 요리하더라도 감자튀김이나 감자볶음보다는 감자조림을 하는 것이 좋다. 튀김이나 볶음 요리를 하면 기름을 많이 사용하게 되고 열량이 높아진다. 특히 신선한 야채를 무쳐서 먹는 무침 요리는 저열량의 대표적인 메뉴이다. 아이가 무침을 싫어한다면 색깔이 예쁜 여러 가지 야채를 섞어 무쳐 식탁에 올려놓는다.

⊚ 고기를 통째로 요리한다 _ 살코기만 선택한다

육류를 요리할 때는 지방을 제거하고 살코기만 사용한다. 또한 닭고기를 재료로 삼을 때는 껍질을 제거한 후에 사용하도록 한다. 살코기만 선택하면 재료의 양이 부족할 수 있으므로 고기와 어울리는 버섯, 당근, 양파와 같은 채소를 넣어서 조리한다. 재료는 같지만 다양한 요리가 가능하고 영양학적으로도 균형을 이루어 좋다.

◉ 육류를 굽는다 _ 육류를 삶는다

고기를 프라이팬에 구우면 지방질을 그대로 먹어야 하지만, 오븐에 굽거나 찜통에 삶으면 지방을 빼줘 열량을 줄일 수 있다. 또한 햄, 소시지, 어묵 등을 재료로 사용할 때는 팔팔 끓는 물에 데친 후에 조리한다.

 Dr Kim 클리닉 고단백 균형식을 반드시 병행하라

식사 요법에서는 열량을 줄이는 것도 중요하지만 성장에 필요한 영양소를 골고루 섭취하는 것도 중요하다. 지방이 좋지 않다고 무조건 지방을 섭취하지 않으면 성장에 필요한 에너지원이 부족할 수 있는데, 총 에너지에서 55%를 탄수화물로, 25%를 지방으로, 20%를 단백질로 섭취하는 것이 좋다. 또한 성장하기 위해서는 단백질뿐 아니라 기능을 조절하는 비타민, 철분, 칼슘과 같은 영양소가 부족하지 않아야 한다.

힘이 나게 해주는 탄수화물

많이 먹으면 비만의 원인이 되지만 활동에 꼭 필요한 에너지원이다. 특히 포도당은 뇌를 움직이는 유일한 열량원이므로 두뇌 발달을 위해서라도 꼭 섭취해야 한다.

※ 밥, 빵, 면류, 감자, 고구마, 떡, 옥수수

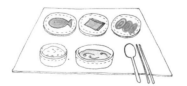

근육과 피를 만들어 주는 단백질

아이의 성장에 꼭 필요한 근육, 피를 만들어주는 에너지원이다. 따라서 부족하면 성장장애를 일으킬 수 있으며, 체내에 저장이 되지 않으므로 매번 섭취해야 한다.

※ 쇠고기, 돼지고기, 닭고기, 생선, 조개, 달걀, 두부, 콩, 된장, 햄, 소시지

신체를 보호해주는 지방

지방을 많이 섭취하면 비만의 원인이 되지만, 지방은 탄수화물, 단백질과 함께 중요한 에너지원이다. 특히 비타민 A, D, E의 흡수를 도와주고, 콜레스테롤은 세포벽을 구성하는 역할을 한다.

※ 쇠고기, 돼지고기, 참기름, 버터, 마아가린, 깨, 잣, 호두

뼈를 튼튼하게 해주는 칼슘

뼈와 이를 튼튼하게 해주는 칼슘은 성장하는 어린이에게 꼭 필요한 영양소이다. 그런데 칼슘은 흡수가 어려우므로 해조류를 통해 섭취하는 것이 좋다.

※ 멸치, 뱅어포, 잔새우, 우유, 요구르트, 해조류

다른 영양소를 도와주는 비타민

비타민 A, 비타민 B, 비타민 C, 비타민 E는 각각 피부를 보호하고 탄수화물과 지방의 흡수를 도와주고 머리가 좋아지게 하고, 신체의 성장을 돕는 역할을 한다. 부족하면 키가 자라지 않을 수 있으므로 어린이에게 반드시 필요한 영양소이다.

※ 시금치, 당근, 상추, 오이, 콩나물, 사과, 배, 귤, 딸기, 포도, 수박

식이성 섬유

비만한 아이에게는 반드시 필요한 음식이 식이성 섬유이다. 식이성 섬유는 씹는 횟수가 늘어나기 때문에 먹는 시간이 길어지고 그만큼 포만감을 주는 한편 배변을 도와 체중을 감량하는 효과가 있기 때문이다.

※ 완두콩, 우엉, 브로콜리, 다시마, 파래, 김, 표고버섯, 사과, 곶감, 땅콩, 아몬드

진짜 노하우가 필요한 간식 주기

어린이에게 가벼운 간식은 반드시 필요하다. 뇌가 활동하려면 포도당이라는 당분이 꼭 필요한데, 당분을 한 끼 식사로 저장하기에는 한계가 있다. 따라서 간식을 통해 영양을 보충해주어야 하는데, 본질이 바뀌어 간식으로 배를 채우고 식사 시간에는 제대로 챙겨먹지 않을 수 있다. 따라서 간식을 챙겨줄 때도 요령이 있어야 한다.

☺ 스낵류를 먹는다 _ "엄마가 만든 샐러드를 먹어볼까?"

음식별 열량표를 보면 알 수 있듯이 우리가 흔히 먹는 패스트푸드와 인스턴트식품, 가공식품, 스낵류의 열량은 생각보다 상당히 높다. 이러한 음식은 대부분 어린이 한 끼 분량에 해당하는 300~400kcal 열량을 갖고 있다. 몸에 좋지 않은 스낵류 대신에 엄마가 만든 신선한 샐러드로 대체한다.

☺ 과자를 한 봉지 먹는다 _ "절반만 접시에 담아 먹자!"

엄마는 과자를 먹이지 않으려고 하지만, 아이에게 과자를 전혀 주지 않고 지낼 수는 없다. 가능하면 열량이 덜 나가는 과자를 주는 것이 좋다. 마트에서 과자를 구입할 때 항상 과자의 열량표를 살펴보고, 간식으로 과자를 주어야 한다면 한 봉지를 통째로 주지 말고 예쁜 그릇에 적당한 양만큼 덜어서 주는 것도 요령이다.

음식별 열량표

음식명	열량	음식명	열량
배추김치 1접시	15kcal	스팸햄 6조각	225kcal
가지나물 1접시	30kcal	애플파이 1개	225kcal
도토리묵 무침 1접시	50kcal	팥빵 1개	250kcal
콩나물국 1대접	50kcal	핫도그 1개	250kcal
쇠고기 미역국 1대접	90kcal	초콜릿 50g	270kcal
계란찜 1접시	100kcal	밥 1공기	300kcal
두부된장찌개 1대접	100kcal	감자튀김 1인분	320kcal
식빵 1쪽	100kcal	돈가스 1인분	320kcal
캔콜라 250ml	100kcal	피자 한 조각	320kcal
감자조림 1접시	120kcal	돼지갈비찜 1인분	350kcal
우유 200ml	125kcal	파운드케이크 1조각	350kcal
감자전 3개	130kcal	햄버거 1개	350kcal
고구마튀김 3개	150kcal	크로켓 1개	380kcal
초코파이 1개	170kcal	컵라면 1개	450kcal
도넛 1개	175kcal	새우깡 1봉지	460kcal
고등어무조림 1접시	180kcal	칼국수 1인분	500kcal
치킨 다리 1조각	180kcal	볶음밥 1인분	650kcal
송편 4개	200kcal	카레라이스 1인분	680kcal
케이크 1조각	200kcal	자장면 1인분	700kcal

 Dr Kim 클리닉   연령에 따라 필요 칼로리 다르다

3~6세는 하루에 1400kcal 열량이 필요하고, 7~9세의 어린이는 1500kcal 열량이 필요하다고 계산했는데, 좀더 정밀하게 연령별로 필요한 열량을 계산하는 방법이 있다. 성장이 빠른 영아기와 1~3세까지는 몸무게 1kg당 110kcal가 필요하고, 4~6세까지는 1kg당 90kcal, 7~9세까지는 1kg당 80kcal가 필요하다. 예를 들어, 15kg 나가는 5세라면, 하루에 1350kcal의 열량이 필요한 셈이다.

우리 아이에게 딱 맞는 운동요법

 눈높이에 맞춘 슬로우 전략을 구사한다

비만한 아이들의 특징은 조금만 움직여도 숨이 차고 힘들기 때문에 움직이기를 싫어하는 경향이 있다. 그러다보니 운동부족으로 더욱 비만해지고 비만으로 움직이기 싫어하기를 반복하며 악순환을 거듭한다. 따라서 운동요법은 행동요법, 식사요법과 함께 비만을 예방하고 치료하는데 빼놓을 수 없는 방법이다.

적당한 운동은 체내의 열량을 소비하게 해주고, 몸속의 지방을 태우고 근육을 증가시켜 하루에 필요한 기초열량을 높이는 역할을 한다. 또한 운동을 통해 스트레스를 해소시켜줌으로써 정신을 맑고 건강하게 해주고, 무엇보다 '나도 할 수 있다'는 자신감을 갖게 해준다.

그런데 문제는 인내심이 부족한 어린아이에게 어떻게 꾸준히 운동을 시키느냐이다. 움직이기 싫어하고, 운동을 싫어하는 아이에게 멋진 운동 프로그램을 권해도 좋은 결과를 기대하기 어렵기 때문이다.

따라서 운동을 전혀 하지 않았던 아이에게는 일상적인 생활에서 활동을 조금씩 늘리는 것으로 시작하고, 익숙해지면 운동요법을 시도한다. 운동요법을 시행할 때도 가장 염두에 두어야 할 사항은 '우리 아이가 무엇을 좋아하는지 파악하고 아이에게 맞게 진행한다'이다. 어느 날 갑자기 '하루에 50분 운동하기'를 목표로 세우고 운동장 달리기를 시킨다면, 아이는 운동이 아니라 벌을 서는 것처럼 느끼게 된다. 그렇게 되면 다음에는 더욱 운동을 하기 싫어하게 되어 역효과를 내기 쉽다.

따라서 처음부터 무리한 목표를 세우지 말고 현실적으로 '하루에 5분 운동하기'부터 시작하는 것이 바람직하다. 아이가 잘 하였다면 "약속대로 잘 해주었구나. 정말 자랑스럽구나"라는 구체적인 칭찬을 해주고, 다음에는 '하루에 10분 운동하기'로 운동 시간을 조금씩 늘려나간다.

운동을 할 때도 아이의 뼈나 관절에 심한 충격을 주는 운동을 피하고, 운동 중간 중간에 충분한 휴식 시간을 주어 피로해지지 않도록 배려한다. 운동을 하기 전과 한 후에 간단한 스트레칭으로 정리 운동을 하는 것도 빼놓지 말자.

 1단계 : 일상의 움직임으로 열량을 소모하라

평소에 운동을 전혀 하지 않다가 갑자기 운동을 시작하기보다는 일상생활에서 활동량을 늘려 소비 열량을 늘리는 것이 먼저이다. 일상생활에서 활동량을 늘린다는 것은 생활습관과도 밀접하게 연결되어 있어 비만 예방에 꼭 필요한 과정이다.

⚬ 엘리베이터 대신 계단을 이용한다

계단 올라가기, 계단 내려가기는 하체의 근육을 튼튼하게 해주는 운동으로 일상에서 실천하기 가장 좋다. 그런데 어른들도 경험해서 알 수 있듯이 막상 엘리베이터를 앞에 두고 걸어 올라가기가 쉽지 않다. 이때는 엄마와 가위바위보 게임을 하거나 끝말잇기 게임을 하면서 즐거운 과정으로 만든다.

⚬ 가사 노동에 적극 참여시킨다

아이들은 엄마의 활동에 함께 참여할 때 즐거움을 느낀다. 청소를 할 때, 설거지를 할 때, 식탁에 밥을 차릴 때, 화난에 물을 줄 때, 쓰레기를 버릴 때 아이에게 도움을 요청해보자. "오늘은 엄마가 너무 힘들다. 식탁에 숟가락 놓는 것 도와줄래?"라고 말하면, 자신이 어른으로 대접받는 것 같아 자랑스러운 얼굴로 도와준다. 일상에서 부지런히 움직이는 것만으로도 많은 열량을 소비할 수 있다.

⚬ 누워있는 습관을 고친다

누워서 책을 보거나 TV를 보는 것은 좋지 않은 습관이다. 이 습관을 고치기 위해 스트레칭을 틈틈이 시행한다. 스트레칭은 긴장을 풀어주고 몸을 유연하게 해주는 운동으로 일상생활에서도 간단히 할 수 있는 장점이 있다. TV를 보면서도 즐겁게 따라할 수 있도록 엄마가 시범을 보이는 것이 좋다.

2단계 : 좋은 운동 고르고 규칙을 정하라

비만 예방에 가장 좋은 운동은 무엇일까? 빠르게 걷기, 수영, 에어로빅, 러닝머신 걷기, 등산 등으로 대표되는 유산소 운동이다. 그런데 장기적으로는 몸에 근력을 붙이는 근력운동을 함으로써 하루에 소비되는 기초대사량을 늘려야 감량한 체중을 유지하기 쉽다. 또한 적당한 강도를 해야 효과적이며 아이의 수준에 맞게 시간을 조절하는 것도 중요하다.

◉ 이런 운동이 좋다

비만을 예방하기 위한 운동에는 여러 종류가 있는데, 크게 유산소 운동, 근력 운동, 스트레칭 등으로 나뉜다. 유산소 운동은 낮은 강도로 오랜 시간 지속하여 탄수화물을 소비하는 한편 지방을 태워 체지방을 감소시키는 효과가 있다. 대표적으로 빠르게 걷기, 수영, 에어로빅 등이 있다. 근력운동은 몸의 근력을 강화시켜 하루에 소비되는 기초대사량을 늘림으로써 비만 예방 효과가 있으며, 탄탄한 몸을 만드는 꼭 필요한 운동이다. 헬스장에서 기구를 이용해 하는 운동이나 윗몸일으키기, 팔굽혀펴기가 대표적인 근력 운동이다. 그리고 스트레칭은 근육의 긴장을 풀어주는 운동으로 운동을 시작하기 전과 끝난 후에 하면 효과적이다.

☺ 식욕이 생기지 않을 정도로 하라

아이가 너무 힘들 정도로 운동 강도가 높으면 오히려 역효과가 난다. 예를 들어, 빠르게 걷기와 같은 유산소 운동을 할 때 엄마와 이야기를 나눌 수 있고 약간 숨이 찰 정도로 하는 것이 좋다. 달리기를 하여 숨이 혁혁거릴 정도로 운동을 하면 체지방 사용이 줄어들고, 강도 높은 운동으로 인해 오히려 식욕만 늘어날 염려가 있다. 열심히 운동하고 난 후에 허기진 상태에서 많은 음식을 섭취하면 소비된 에너지보다 섭취한 에너지가 많아 체중이 증가될 수 있다.

☺ 1시간 정도가 가장 좋다

처음에는 가볍게 20~30분 정도로 시작하는 것이 좋다. 한 달 정도 아이가 충분히 익숙해지면 다음 단계로 30~50분으로 운동 시간을 점점 늘려나간다. 이 정도 운동을 지속할 수 있으면, 자칫 운동 시간을 더 늘리려고 욕심 부리기 쉬운데 그보다는 운동 강도를 높이도록 한다.

운동을 1시간 정도 하면 식욕이 줄어들고 장운동이 활발해져 영양소의 흡수 시간을 단축시킨다. 그런데 운동을 1시간 이상하면 식욕이 늘어나 음식을 많이 먹게 되고, 2시간 이상하면 운동으로 소비된 열량 이상으로 식욕이 커져 결국 열심히 운동해도 체중이 줄지 않는다. 따라서 운동 시간은 30분~1시간 이내가 적당하다.

☺ 일주일 3회 이상 하라

운동을 매일 규칙적으로 하는 것이 좋지만, 그럴 수 없다면 일주일에

3일 이상을 하도록 한다. 일주일에 3회를 할 때도 월화수 몰아서 하고 목금토일을 쉬는 방식은 좋지 않으며, 월수금처럼 하루는 운동하고 하루는 휴식을 취하는 방식이 바람직하다.

3단계 : 개성과 취향 반영하여 운동하라

비만 예방에 좋은 운동을 어떤 방식으로 하는 것이 좋은지 알아보았지만, 사실 아이들에게 유산소 운동 몇 분, 근력 운동 몇 분, 스트레칭 몇 분 정해 놓고 하는 프로그램은 현실성이 없다. 엄마가 프로그램을 짜기 힘들 뿐만 아니라 전문 강사가 아닌 이상 꾸준히 실행하기도 쉽지 않다. 따라서 그것 보다는 아이들이 어떤 종류의 운동을 좋아하는지 파악하고 그 운동을 즐겁 게 할 수 있도록 시간과 장소, 기구를 제공해주고 충분히 뛰어놀도록 해주 는 것이 좋다.

◉ 아이의 성격에 따라 운동을 고른다

성인들이 성격에 따라 좋아하는 운동이 다르듯이 아이도 마찬가지이 다. 어떤 사람은 요가를 배우니까 마음의 긴장도 풀리고 몸도 가벼워진 다고 하고, 어떤 사람은 밸리댄스나 에어로빅을 배우며 즐거워한다. 사 람마다 자기에게 맞는 운동이 있다.

• 혼자서 운동 배우며 성취감을 느끼는 아이 : 다른 아이와 경쟁하는 것에

스트레스를 느끼는 아이는 혼자서 차근차근 배워나가며 성취감을 느끼는 것을 좋아한다. 스스로 힘과 빠르기를 조절하며 에너지를 소비할 수 있는 유산소 운동이 적당하다. 걷기, 수영, 가벼운 조깅, 자전거 타기를 권한다.

• 리듬을 느끼며 활동하기를 좋아하는 아이 : 역동적이고 흥미로운 것을 좋아하는 아이라면 단조롭게 오래 지속되는 걷기와 같은 운동을 싫어한다. 음악을 들으며 배울 수 있는 에어로빅 체조, 스포츠 댄스 등을 권한다.

• 친구를 좋아하고 경쟁을 즐기는 아이 : 혼자서 하는 운동보다 여럿이 함께 하는 운동은 시간도 잘 가고 즐겁다. 여럿이 하는 운동에 스트레스를 갖지 않는 아이라면 축구, 농구, 배구, 야구처럼 여럿이 모여서 하는 운동을 권한다.

• 집에서 움직이지 않으려고 하는 아이 : 억지로 밖으로 데리고 나가기 보다는 집에서 움직일 수 있는 꺼리를 찾는다. 예를 들어, 잠자리에 들기 전에 엄마와 함께 침대에서 뛰어놀기, 이불 위에서 구르기를 한다.

◉ 아이의 관심에 따라 고른다

성격에 따라 운동을 고를 수도 있지만 아이가 무엇에 관심을 갖는지에 따라 운동을 선택할 수도 있다. 예를 들어, 물을 좋아하는지, 놀이터에서 노는 것을 좋아하는지를 살펴보고 엄마는 적당한 장소를 마련해 준다.

- 물을 좋아하는 아이 : 물을 좋아하는 아이라면 수영장에서 재미있게 물놀이를 할 수 있도록 해주며, 익숙해지면 엄마와 함께 하는 수영 프로그램에 참여하는 것도 좋다.

- 공을 좋아하는 아이 : 공을 좋아하면 학교 운동장이나 공원에서 공차기, 공 주고 받기, 공 던지기 등 다양한 운동을 할 수 있다.

- 놀이 기구를 좋아하는 아이 : 놀이 기구를 좋아한다면 놀이터에 가서 마음껏 놀게 하면 된다. 엄마는 안전사고가 나지 않도록 지켜보기만 하면 아이 혼자서 실컷 놀면서 열량을 소비할 것이다.

- 타는 것을 좋아하는 아이 : 자전거와 인라인스케이트와 같이 타는 것을 좋아한다면 넓은 공원으로 나간다. 가족이 함께 타면 즐거운 마음이 들어 시간도 잘 가고 그만큼 소비되는 열량도 크다.

◉ 요일에 따라 변화를 주어라

다시 한 번 강조하지만 어린아이에게 운동 프로그램의 정답은 따로 없다. 아이가 좋아하고 즐거워하는 운동을 지속적으로 꾸준히 하는 것이다. 그런데 아이들은 싫증을 내기 쉬우므로 여러 가지 도구를 이용하거나 장소를 바꿈으로써 변화를 주는 것이 좋다. 자연스럽게 유산소 운동과 근력 운동을 번갈아가며 할 수 있으며, 아이도 운동이 아니라 놀이처럼 느낄 수 있다. 더불어 엄마와 아빠가 함께 참여하여 진행하면 이상적이다. 예를 들어 다음과 같이 요일에 따라 운동 프로그램을 구성할 수 있다.

- 월요일 : 집에서 아빠와 윗몸일으키기, 매달리기 시합하기
- 화요일 : 공원에서 공놀이하기
- 수요일 : 집에서 잠자리에 들기 전에 구르기, 훌라후프로 기차놀이 하기
- 목요일 : 놀이터에서 친구들과 놀기
- 금요일 : 엄마랑 공원 산책하기
- 토요일 : 가족이 모두 가까운 산에 가기
- 일요일 : 공원에서 자전거 타기

PART
6

아이가 놀며
즐기는
건강 체조법

•• '마음껏 뛰어노는 아이가 건강하다'는 말이 있다. 아이들에게 놀이는 생활이고 공부이고 배움이다. 따라서 아이의 건강을 위해서는 즐겁게 운동하고 뛰어노는 것이 무엇보다 중요하다. 특히 어릴 때 엄마, 아빠가 함께 게임하듯이 운동하고 즐기면 아이들은 자연스럽게 부모와 교감하며 정서적으로도 안정된다. 부모와 함께 팔과 다리를 쭉쭉 뻗고 늘리면서 운동하는 동안 키가 성장하는 것은 물론 마음도 예쁘게 성장할 수 있는 것이다.

•• 운동을 하기 위해서는 특별한 시간을 내야하고, 특별한 운동 기구를 구입해야하고, 특별한 장소가 필요하고, 특별한 준비가 필요하다고 생각하는 것은 오해이다. 그저 아침, 점심, 저녁 하루에 30분 정도만 아이와 함께 즐긴다는 마음만 있으면 쉽게 우리 아이 건강을 챙길 수 있다. 특히 가벼운 스트레칭은 아이들의 척추를 펴주고 일상적인 자세를 교정시켜주어 키가 크게 하는 것은 물론 면역력을 강화시켜주어 질병을 예방하는 효과도 있다. 여기서는 일상생활 속에서 아이들과 함께 즐기며 건강도 챙길 수 있는 다양한 스트레칭 방법을 알아보자.

손발 쭉쭉 늘여주는 10분 스트레칭

성장기 아이들에게 몸을 쭉쭉 뻗어주는 스트레칭은 여러 가지 효과가 있다. 온몸의 근육을 늘려줌으로써 키가 쑥쑥 자라게 해주고, 면역력을 강화시켜 환절기 감기, 비염, 천식과 같은 질병을 예방해준다. 특히 요즘 아이들은 바깥에서 뛰어노는 시간보다 TV나 컴퓨터 앞에 있는 시간이 길어짐에 따라 바르지 않은 자세로 지내기 십상이다.

이러 저러한 이유로 긴장된 상태로 있는 시간이 많은데, 아침에 잠자리에서 일어난 후, 오후에 놀이를 하는 중간, 저녁에 잠자리에 들기 전 온몸을 쭉쭉 펴주는 스트레칭을 해보자. 엄마와 마주 보며 놀이하듯이 스트레칭을 하면, 아이들도 즐거워하며 따라한다. 아침에 일어나서는 상쾌한 기분으로 서서 하는 스트레칭을, 오후에는 잠깐 쉬는 시간을 이용해 앉아서 하는 스트레칭을, 저녁에는 이불을 펴놓고 누워서 하는 스트레칭을 꾸준히 실천하면 아이의 성장과 건강은 문제없다. 그러나 가장 중요한 것은 우리 아이의 기분 상태. 싫어하는 아이를 억지로 시키지 말고 기분 상태를 체크하여 스트레칭을 유도한다.

아침에 하는 굿모닝 스트레칭

활기찬 아침 창문을 활짝 열어 공기를 환기시키고 아이와 함께 굿모닝 스트레칭을 한다. 이 스트레칭은 밤새 굳어 있던 몸을 깨워주고, 자신감 있게 하루를 시작할 수 있도록 만드는 동작들이다. 잠자리에서 벌떡 일어나 즐겁게 따라하도록 하자.

◉ 해님에게 인사해요

아침에 일어나 기지개를 쭉 펴면서 둥근 해님에게 인사한다. 아이들은 이불을 찬 상태에서 추위에 떨며 웅크리고 자기 쉬운데, 그만큼 근육도 긴장되어 있다. 온몸을 쭉 펴줌으로써 척추를 바르게 교정해주고 혈액 순환을 도와 면역력을 강화시키는 효과가 있다.

① 양발을 어깨 넓이로 벌린 다음 양손을 머리 위로 깍지 끼어 손등이 안으로 향하게 한다.
② 천정을 향해 뻗어나가듯이 두 손을 머리 위로 쭉 뻗어 올린다. 다섯까지 세고 돌아온다.

◉ 등 뒤로 깍지 껴 가슴을 펴요

컴퓨터 게임을 하거나 TV 시청을 하면서 구부정하게 앞으로 모아지기 쉬운 어깨와 가슴을 쭉 펴주는 동작이다. 가슴을 쭉 펴줌으로써 심장과 폐를 튼튼하게 해주고 자신감을 길러주는 효과가 있다.

① 양발을 어깨 넓이로 벌린 다음 두 손을 등 뒤로 깍지 낀다.
② 가슴을 앞으로 쭉 내밀면서 두 손을 뒤로 멀리 떨어뜨린다.
　다섯까지 세고 돌아온다.

◉ 허리 구부려 동전을 주워요

허리를 구부려 두 손을 땅바닥에 닿게 함으로써 팔과 다리의 근육을 쭉 펴주고, 허리를 유연하게 해주는 동작이다. 게임을 하듯이 바닥에 동전을 늘어놓고 무릎을 구부리지 않은 상태에서 동전을 줍도록 하는 것도 재미있다.

① 발을 어깨 넓이로 벌리고 두 손바닥이
　바닥에 닿도록 허리를 구부린다. 몇 초
　간 그 상태를 유지한다.
② 천천히 일어나 허리에 손을 얹고 머리
　를 뒤로 젖히며 가슴을 쭉 편다.

◉ 재미난 삼각형을 만들어요

팔과 다리를 이용해 삼각형을 만
드는 동작으로 팔과 다리의 근육을
이완시키고 키가 자라도록 해준다.
'누가 멋진 삼각형을 만드는지 엄마
와 한번 내기해볼까?'라고 이야기하
며 발과 다리가 구부러지지 않은 상
태에서 동작할 수 있도록 유도한다.

① 양발을 넓게 벌리고 두 손을 양옆으로 펼친다.
② 오른손으로 오른쪽 다리를 잡고 왼손은 위쪽으로 쭉 뻗어 올린다. 다섯까지 세고 원래의 자세
　로 돌아간다. 다시 왼손으로 왼쪽 다리를 잡고 동작을 취한다.

 Dr Kim 클리닉 　동작할 때의 호흡법

스트레칭을 할 때 동작에 맞게 숨을 들이마시고, 내쉬는 호흡을 하면 효과가 더욱 좋다.
그러나 아이들에게 동작을 시키면서 호흡까지 맞추라고 하면 '즐거운 운동'이 아니라
'지겨운 공부'로 느껴질 수 있으므로 지나치게 강조하지 않도록 한다. 다만 스트레칭할
때 호흡의 원칙은 동작을 시작할 때 숨을 들이마시고, 동작을 완성할 때 숨을 내쉰다는
것만 기억하자. 그리고 동작을 유지하고 있을 때는 숨을 참지 말고 자연스럽게 호흡하도
록 해준다.

점심에 하는 스트레칭

아이가 공부를 하거나 놀이를 하는 중간 중간 스트레칭을 통해 온몸의 근육을 풀어준다. 아이들은 따로 시간을 정해놓지 않고 스트레칭을 통해 팔과 다리, 온몸을 펴주는 것만으로도 큰 효과를 볼 수 있다. 놀이를 하는 아이의 이름을 부르며 '박쥐 한번 만들어 볼까'하며 스트레칭을 유도한다.

◉ 훨훨 나비가 날아요

요가의 대표적인 동작인 나비 자세이다. 이 동작은 허리를 바르게 펴주어 자세 교정에 도움을 주고 고관절과 무릎을 자극하여 키가 쑥쑥 자라도록 해준다. 마치 나비가 꽃을 찾으러 날아가는 것처럼 다리를 이용해 날갯짓을 하도록 유도해준다.

① 편안하게 앉은 후에 양 발바닥을 마주대고 붙이고, 두 손으로 양발을 잡는다.
② 허리를 곧게 펴고 나비가 훨훨 날갯짓 하듯 양 무릎을 위, 아래로 움직인다.

날개 편 박쥐를 만들어요

동굴에 딱 붙어 있는 박쥐를 흉내 낸 동작이다. 척추를 바르게 하고 다리 근육을 튼튼하게 해주며, 복부를 자극해 혈액순환이 잘 되도록 해주어 면역력을 강화시킨다. 주의할 점은 다리를 양 옆으로 펼칠 때 억지로 다리를 벌려 절대 무리하지 않도록 한다.

① 편안하게 앉은 상태에서 두 다리를 양 옆으로 쭉 펼친다.
   이때 무리하지 말고 무릎이 구부러지지 않을 정도로만
   펼친다.
② 두 팔을 앞으로 뻗어 상체가 최대한 바닥에 닿도록 한다.
   이때 엄마가 살짝 등을 눌러주면 도움이 된다.

야옹 고양이를 만들어요

등을 둥그렇게 말아 올리는 고양이를 흉내 낸 동작으로 구부러지기 쉬운 척추를 바르게 교정해주고 등과 허리의 근육을 강화시켜 준다. 엄마가 함께 자세를 취하며 '누가 진짜 고양이처럼 등을 잘 구부릴 수 있을까?' 질문하며 동작을 유도한다.

① 양손과 양발을 무릎 넓이로 벌리고 고양이가 기어가는 동작을 취한다.
② 고개를 들어 천장을 바라보며 허리는 최대한 바닥으로 낮춘다.
③ 고개를 내려 바닥을 바라보며 등을 최대한 둥글게 말아주며 천장을 향하도록 한다.

이부자리에서 하는 굿나이트 스트레칭

늦은 밤 시간에도 자기 싫어하는 아이들. 성장을 위해서는 10시 이전에는 재워야 하는데 뾰족한 방법이 없다면 밤마다 이불을 펴놓고 아이들과 스트레칭을 하자. 아이들은 유난히 이불을 펴놓으면 좋아하는데, 한바탕 스트레칭을 하고 나면 자라는 잔소리를 하지 않아도 금세 잠이 들 것이다.

◉ 쉭쉭 코브라 모양을 흉내 내요

머리를 들어 '쉭쉭' 소리를 내며 위협하는 코브라를 흉내 낸 동작이다. 척추를 바르게 교정해주고 고개를 쭉 펴주고 호흡기 기관을 시원하게 풀어줌으로써 감기, 비염, 천식을 예방하는 효과가 있다.

① 편안하게 엎드려 누운 상태에서 양손은 가슴 옆 바닥에 놓는다. 고개를 숙여 이마가 바닥에 닿도록 한다.
② 고개를 천천히 들어 올리고 가슴을 들어 올리고 팔이 쭉 펴지도록 허리를 들어 올린다. 동작을 유지하고 다섯까지 센다.

◉ 쟁기 모양 흉내 내요

다리를 들어 올려 머리 뒤 바닥에
닿도록 하여 쟁기 모양을 흉내 낸 동작
이다. 아이들은 기본적으로 유연하여
쉽게 할 수 있는 동작으로 다리를 쭉
펴 성장에 도움을 주고 혈액순환을 돕
고 면역력을 강화시키는 효과가 있다.

① 편안하게 누운 상태에서 양손으로 허리를 받치고 양 다리를 머리 뒤로 천천히 넘긴다.
② 다리를 넘긴 상태에서 열을 세고 엉덩이를 천천히 내려 다리를 바닥에 내려놓는다.

◉ 팽팽한 활 모양 만들어요

다리를 들어 올린 후에 등 뒤로 양팔을 들어 올려 다리를 잡아 팽팽한
활 모양을 만드는 동작이다. 호흡기를 자극하여 비염, 천식, 축농증과
같은 호흡기 관련 질환을 예방해주는 효과가 있고 갑상선을 자극해 성
장에도 효과가 좋다.

① 엎드려 누운 상태에서 양팔을 등 뒤로 넘겨 들어
올린 양 발을 잡도록 한다.
② 고개를 들어 천장을 바라보고 다리를 바짝 들어
올려 활 모양을 만든다. 들어 올린 상태에서 다섯
까지 센다.

아이들은 생활이 곧 놀이이고 운동이다. 일상생활 속에서 놀이를 하면서 운동을 한다면 그보다 좋은 일이 없다. 장소에 따라, 계절에 따라 여러 가지 주제를 개발하여 놀이를 하면, 몸이 건강해짐은 물론 협동심과 집중력과 같은 지적, 정서적 발달도 함께 꾀할 수 있어 일석이조의 효과이다.

다른 스트레칭 동작에 비해 운동 효과는 적지만 즐겁지 않으면 하지 않으려는 아이들에게 효과적인 운동법이다. 특히 알레르기 질환이 있어 환절기와 겨울철 활동을 조심해야 하는 아이들이 아니라면 실내 놀이보다는 바깥 놀이를 많이 해주는 것이 좋다. 바깥 놀이를 통해 충분히 햇볕을 쓰어주면 성장을 돕고 아이의 활발한 성격을 만드는 데도 도움을 준다.

신체 튼튼 머리도 좋아지는 놀이 운동

몸을 튼튼하게 해주면서 집중력을 키워주고, 소근육 발달로 두뇌를 좋아지게 하는 놀이 운동들이다. 엄마가 집 안에 있는 생활 도구와 장난감을 이용해 응용한다면, 아이와 함께 다양한 놀이를 즐길 수 있다.

밀가루 반죽 놀이 그릇에 적당한 밀가루를 준비하여 양 손가락을 이용해 반죽을 한다. 여러 모양의 찍기 틀에 반죽을 넣어 모양을 만들어보기도 하고 반죽을 납작하게 만들어 손바닥 찍기, 발바닥 찍기도 한다. 이 놀이는 소근육을 발달시켜 두뇌를 발달시키며 손과 발을 자극하여 혈액 순환을 도와주는 효과가 있다.

바구니에 공 넣기 바구니를 2~3m 거리에 떨어뜨려 놓고 공을 던져 넣는 동작이다. 공이 없으면 실이나 블록같이 파손되지 않는 물건을 던져 넣도록 한다. 팔과 다리의 근육을 발달시키는 한편 집중력을 키워주어 신체적, 지적 능력을 균형 있게 성장시켜야 하는 유아에게 아주 좋은 놀이 운동이다.

다트 던지기 적당한 거리에 다트 판을 걸어놓고 화살을 던져 맞히는 놀이이다. 집중력을 키워주며 팔 근육을 발달시키는 효과가 있다. 또한 다트 판에 '엎드려 기어가기', '귀 잡고 뛰기 5번', '윗몸 일으키기 5번'과 같은 적당한 벌칙을 걸어 놓고 그 칸을 맞출 때 동작을 취하도록 한다. 즐거운 놀이를 하면서 신체 활동을 함께 하는 효과가 있다.

음악 들으며 동물 흉내 내기 아이들이 좋아하는 동요를 틀어놓고 동요 리듬에 맞게 동작을 취하도록 한다. 엄마와 함께 사자, 호랑이, 악어, 토끼, 개구리, 코끼리 같은 동물들의 모양을 자유롭게 흉내 내도록 한다. 음악에 대한 감성을 키워 주는 한편 아이들의 표현력을 길러주는 데 좋은 놀이이다.

계절에 따른 테마별 놀이 운동
계절에 맞게 테마를 만들며 아이와 함께 놀이처럼 운동을 한다. 봄에는 예쁘게 피는 꽃을 이용하고, 가을에는 떨어지는 낙엽을 이용해 놀이를 하는 것이다.

봄에 피는 꽃 관찰하며 놀기 만물이 생동하는 봄. 가는 곳마다 개나리, 진달래, 목련, 철쭉, 벚꽃에 이르기까지 꽃들이 만발한다. 아이와 손을 잡고 가까운 공원이나 산에 가서 꽃들을 관찰한다. 색깔을 살펴보고, 촉감을 느껴보고, 특징을 살펴본다. 꽃마다 잎 모양과 촉감이 어떻게 다른지 아이에게 물어보며 차이점을 알아보도록 한다. 다양한 꽃들을 살펴보기 위해 앉았다 일어나기를 반복하며 자연스럽게 다리 근육을 발달시키며 지적 능력을 함께 성장시킬 수 있다.

가을철 나뭇잎 주우며 놀기 가을철이 되면 나무들이 옷을 갈아입기 시작한다. 푸르던 나뭇잎이 빨강, 노랑 색색으로 물들어 아이들의 흥미를 돋운다. 아이와 함께 바구니를 들고 산책을 하며 나뭇잎 줍기 활동을 하자. 자연 공부가 됨은 물론 앉았다 일어났다를 반복하며 자연스럽게 운동을 할 수 있다.

키가 쑥쑥 크는 성장 체조

　어떤 운동이 성장에 좋을까? 성장판을 자극하는 대부분의 운동이 좋지만 특히 척추를 바르게 교정시켜주고 손과 발을 쭉쭉 들어주는 운동이 더욱 좋다. 일명 '쭉쭉이 체조'라고 불리는 스트레칭은 척추와 손발을 쭉쭉 늘려줌으로써 아이들의 키를 쑥쑥 자라게 해주며, 무릎의 성장판을 자극하여 다리가 길어질 수 있도록 해준다.

　아이와 함께 '운동을 한다'는 부담 없이 '가볍게 몸을 푼다'는 기분을 갖고 일상생활 속에서 꾸준히 실천한다면 평균 2~3cm 정도는 크게 할 수 있다. 특별히 스트레칭 동작이 기억나지 않는다면 기지개를 켜듯이 두 손을 천장을 향해 쭉 뻗어주고, 가슴을 앞으로 쭉 뻗어주는 것과 같은 스트레칭 동작을 다양한 형태로 변형해서 해도 좋다. 어떤 스트레칭 동작을 하든지 아이가 즐거운 마음으로 기분 좋게 한다면 도움이 된다.

재미가 쏠쏠한 스토리 체조법

온몸을 쭉쭉 펴주는 스트레칭을 할 때 스토리를 만들면 아이들이 무척 재미있어 한다. 특히 아이들이 친근감을 느끼는 나무, 꽃, 무지개와 같은 자연의 모습이나 잠자리, 악어와 같은 동물의 모습을 흉내 낸다면 더욱 즐거워할 것이다.

◉ 씨앗이 나무가 되어요

땅속에 웅크리고 있던 씨앗이 나무가 된다는 이야기를 갖고 온몸을 스트레칭한다. 온몸을 동그랗게 말아 웅크리고 있다가 서서히 일어나 나무처럼 쭉 뻗어나가는 것을 표현한 동작이다. 정적인 동작이지만 온몸의 근육을 풀어주고 척추를 바르게 교정해주는 효과가 있다.

① '땅속에 씨앗이 묻혀 있어요'라고 이야기하며 엉덩이를 들고 앉은 상태에서 고개를 숙이고 두 손으로 무릎을 끌어안는다.
② '이제 씨앗이 나무가 되어요'라고 이야기하며 천천히 일어나 오른쪽 발을 들어 왼쪽 무릎에 올려놓는다.
③ 양손을 가슴 앞에서 합장하고 천천히 머리 위쪽으로 들어올린다. 앞이 쭉 펴지도록 들어 올리고 그 상태에서 다섯까지 센다. 같은 동작을 발을 바꾸어 한다.

◉ 둥그런 무지개를 만들어요

알록달록 일곱 빛깔 무지개 다리를 만들면서 손과 발을 스트레칭한다. 배를 들어 올려 둥그런 무지개 모양을 만드는 동작으로 팔과 다리를 펴줌으로써 성장을 자극한다. 한 가지 주의할 점은 아이가 머리를 들어 올리기 힘들어하면 억지로 시키지는 않는다.

① 양손을 만세를 하고 편안하게 등을 대고 눕는다.
② 양팔을 구부려 귀 옆에 손을 대고 바닥을 짚고 무릎을 구부린다.
③ '둥그런 무지개를 만들어요'라고 이야기하며 팔과 다리를 펴고 배를 위로 들어 올린다.

◉ 슈퍼맨이 되어 날아요

하늘을 나는 슈퍼맨 모양을 만들어본다. 손과 발을 쭉 뻗어 근육을 이완시킴으로써 성장을 돕고 혈액순환을 돕는다. 특히 호흡기를 튼튼하게 하여 감기, 비염, 천식과 같은 호흡기 관련 질병을 예방하는 효과가 있다.

① 편안하게 배를 바닥에 대고 엎드린다. 이때 얼굴을 바닥에 대고 양팔과 양발은 약간 벌린다.
③ '슈퍼맨이 날아요'라고 이야기하며 고개를 들면서 양팔을 들고 동시에 다리를 들어 올린다.

◉ 무서운 악어가 되어요

악어의 모양을 흉내 내어 만든 동작으로 몸의 오른쪽과 왼쪽 균형을 맞춰줌으로써 성장을 돕고 혈액순환을 돕는다. 또한 다리를 늘려주어 길어지게 하는 효과와 가슴을 펼쳐줌으로써 자세를 교정하는 효과도 있다.

① 편안하게 배를 대고 엎드려 누운 상태에서 양팔을 옆으로 넓게 벌린다.
② 왼손을 뒤로 넘겨 왼쪽 무릎을 구부려 올려 왼쪽 발목을 잡는다.
③ 상체를 오른쪽으로 천천히 젖혀 왼쪽 손등이 바닥에 닿도록 한다. 이때 시선은 천장을 본다. 원래의 상태로 돌아간 다음 반대편 동작을 한다.

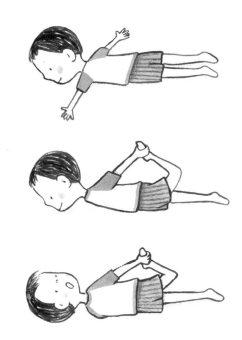

◉ 전쟁터의 전사가 되어요

전쟁터에 나가는 전사를 닮았다고
하여 전사 자세라고 하는데, 아이에게
용기를 심어주고 자신감을 갖게 하는
동작이다. 팔과 다리 근육을 튼튼하게
해주고 척추를 곧게 펴주어 키가 쑥쑥
자라게 해주는 좋은 동작이다.

① 양팔을 양옆으로 펼치고 두 발을 어깨보다 약간 넓게 벌리고 선다.
② 한쪽 발을 바깥쪽으로 틀고 무릎을 구부려 바닥과 90℃ 각도를 만든다. 그 자세로 10초 정도
  유지하고 반대편 다리로 같은 동작을 취한다.

◉ 비행기가 되어 날아요

하늘을 나는 비행기처럼 자유롭게 나는 모양을 만든다. 고개를 들고
가슴을 펼쳐줌으로써 기관지를 강화시켜주고 심장을 튼튼하게 해준다.
또한 손과 발도 쭉 늘려주어 키가 크는 효과가 있다.

① 편안하게 배를 대고 엎드린 상태에서 양손을 옆으로 펼치고 다리를 위로 들어올린다.
② 오른쪽 어깨를 들어 올리고 왼쪽 어깨를 들어 올리며 비행기처럼 난다.

 이불 위에서 하는 운동

이불을 펼쳐 놓으면 아이들은 자연스럽게 뛰어놀기 시작한다. 푹신한 이불을 깔아 놓으면 굳이 매트를 깔지 않아도 위험하지 않으므로 마음 껏 뛰어놀도록 한다.

◉ 침대 위에서 뛰어요

아파트에 사는 아이들은 소음 때문에 제대로 뛰지도 못한다. 침대가 조금 삐거덕거려도 침대 위에서는 2~3분간 마음껏 뛰도록 하자. 침대 매트의 탄성 때문에 발목에 무리를 주지 않으면서도 성장판을 자극하여 키가 크는 효과가 있다.

◉ 앞으로 굴러요

이불 위에서 구르기를 한다. 먼저 쪼그리고 앉은 상태에서 손을 땅에 짚고 머리를 최대한 앞으로 숙인다. 발목을 세워 앞으로 구를 수 있도록 밀어주고 최대한 몸을 말은 상태에서 한 바퀴 구른다. 이때 엄마가 옆에 서 목이나 허리가 잘 구부러지도록 보조를 해주어야 위험하지 않다.

◉ 김밥으로 말아요

얇은 이불 위에 아이를 편안하게 눕힌 상태에서 김밥처럼 아이를 이 불로 돌돌 감았다가 다시 펼친다. 아니면 푹신한 이불 위에 아이를 눕힌 상태에서 아이를 옆으로 굴려주어도 좋다. 온몸의 근육을 이완시키고 편안하게 해주어 피로를 풀어주고 혈액순환을 도와 키가 크게 해준다.

◉ 윗몸 일으키기

아이의 발목을 잡고 윗몸을 일으키도록 유도해준다. 아이가 아직 어려서 윗몸을 일으키지 못하면 손목을 잡아 일으켜주어도 좋다. 허리와 등의 근육을 튼튼하게 해주고 무릎의 성장점을 자극하여 키가 커지도록 하는 운동이다.

엄마의 사랑이 담긴 성장 마사지

성장점을 꾹꾹 눌러줌으로서 성장을 돕는 성장 마사지이다. 개운하게 목욕을 끝낸 상태에서 가볍게 잠옷을 입고 이불에 아이를 눕혀놓는다. 재미있는 옛날이야기를 해주며 다리를 골고루 마사지해준다.

◉ 발바닥 가운데를 눌러줘요

아이의 발바닥 가운데쯤에 움푹 팬 곳을 용천혈이라고 하는데, 여기를 발꿈치에서 발가락 방향으로 꾹 눌러주며 밀어준다. 아이의 면역력을 강화시키는 한편 성장을 도와 키가 클 수 있도록 해준다.

① 양손으로 아이의 한쪽 발을 잡는다.
② 양손의 엄지손가락으로 용천혈을 누르며 발가락 방향으로 밀어준다. 20~30회 정도 밀어주고 반대편 발을 동일하게 마사지해준다.

☻ 무릎의 성장판을 꾹 눌러주어요

무릎 뼈의 양쪽으로 움푹 패여 있는 부분에는 성장판이 모여 있다. 이 부분을 자극하면 다리뼈가 튼튼해지고 다리가 길어지는 효과가 있다. 예쁘고 곧은 다리를 만들고 싶으면 마사지를 통해 자극을 주도록 한다.

① 무릎 뼈의 움푹 패여 있는 부분을 엄지손가락과 검지로 꾹 누른다.
② 3~4초간 눌러주었다가 멈추고 다시 눌러주기를 반복한다. 20회 정도 반복한다.

☻ 무릎과 발목의 중간 지점을 눌러주어요

바깥쪽 무릎 뼈의 움푹 패여 있는 부분에서 엄지 손가락을 제외한 네 손가락만큼 내려간 부분을 족삼리 혈자리라고 하는데 성장판이 모여 있는 곳이다. 이 부분을 자극하면 다리뼈와 다리 근육이 튼튼해진다. 성장에 좋은 혈자리이므로 수시로 눌러주면 좋다.

① 바깥쪽 무릎 뼈의 움푹 패여 있는 부분에서 엄지손가락을 제외한 네 손가락만큼 내려간 부분을 엄지손가락으로 꾹 누른다.
② 3~4초간 눌러주었다가 멈추고 다시 눌러주기를 반복한다. 20회 정도 반복한다.

◉ 다리 주물러주고 당겨주어요

아이들은 크면서 성장통을 앓기도 한다. 급격히 성장을 하면서 통증을 느끼는 것인데, 저녁에 잠이 들기 전에 다리를 주물러주고 당겨주면 다리의 근육을 튼튼하게 해주어 키를 쑥쑥 크게 함은 물론 성장통도 완화시킬 수 있다.

① 아이를 편안하게 눕힌 상태에서 양손으로 무릎부터 발목까지 골고루 주물러준다.
② 양손으로 아이의 발목을 잡고 쭉 잡아당겼다 다시 느슨하게 놓아준다. 20회 정도 반복한다.

면역력 키워주는 체조

꽃가루가 날리는 봄이 되면 알레르기 비염과 천식이 기승을 부린다. 보통 빠르게 걷기와 달리기와 같은 유산소 운동을 하면 심장과 폐가 튼튼해지고 호흡기를 강화시켜 알레르기 질병을 예방하는 효과가 있는데, 이외에도 실내에서 다음과 같은 운동을 꾸준히 해주면 예방하는 효과가 있다. 움직임이 많지 않은 동작이기 때문에 아이들이 따라하기 힘들 수도 있다. 이때는 엄마가 아이랑 마주 앉아서 자연스럽게 따라할 수 있도록 유도한다.

 눈 운동하기

알레르기 비염이 심해지면 눈을 비비는 아이들이 많다. 봄철 꽃가루가 날리기 시작하면 쉽게 피곤해지는 눈의 피로를 풀어주어야 한다.

◉ 눈을 따뜻하게 감싸주어요

손바닥을 비벼서 생기는 열기를 이용해 눈을 감싸줌으로써 눈의 피로를 풀어주는 동작이다.

① 손바닥에 뜨거운 느낌이 들 정도로 양손을 마주대고 비빈다.
② 눈을 뜬 상태에서 양손을 오목하게 만들어 양눈을 감싸준다. 5회 정도 반복한다.

◉ 위, 아래로 눈동자를 움직여요

눈을 크게 뜬 상태에서 눈동자를 위아래, 좌우로 움직여 안구 운동을 해준다. 눈을 움직이는 데 사용하는 근육을 운동시킴으로써 눈의 조절력을 키워주는 효과가 있다.

① 고개는 움직이지 않은 상태에서 눈을 뜨고 눈동자를 위, 아래로
  5회 움직인다
② 눈을 뜨고 눈동자를 오른쪽, 왼쪽으로 5회 움직인다.
③ 눈을 뜨고 시계 방향으로 5회 돌리고, 시계 반대 방향으로 5회
  돌린다.

 코 운동하기

콧물, 코막힘, 재채기 때문에 고생하는 알레르기 비염. 아이들은 코가 막히면 킁킁거리는 소리를 내며 호흡하기 힘들어 한다. 이때 아이와 마주 앉아 코로 호흡하는 운동을 한다. 꾸준히 실천하면 알레르기 비염을 예방하는 데 좋은 효과가 있다.

◉ 콧구멍을 막고 호흡해요

오른쪽 콧구멍과 왼쪽 콧구멍을 번갈아 가며 호흡함으로써 코를 시원하게 해주고, 알레르기 비염을 완화시킬 수 있다. 또한 숙면을 취하는 데도 도움이 된다.

① 편안하게 아빠 다리를 하고 앉은 상태에서 오른손 엄지손가락으로 오른쪽 콧구멍을 막는다.
② 왼쪽 콧구멍으로 숨을 들이마시고, 오른손 네 번째 손가락으로 왼쪽 콧구멍을 막는다.
③ 2~3초간 숨을 참았다가 오른쪽 콧구멍을 막았던 엄지손가락을 떼어내고 숨을 천천히 내쉰다. 다시 오른쪽 콧구멍으로 숨을 들이마시고, 잠시 멈추었다가 왼쪽 콧구멍으로 내쉰다. 10회 정도 반복한다.

◉ 코를 비벼요

코를 비벼 운동시킴으로써 코의 기능을 강화시키고 감기, 알레르기 비염을 예방하는 효과가 있다. 아이가 혼자 하기 힘들어하면 엄마가 대신 해주어도 좋다.

① 양손의 검지를 양쪽 콧등에 올려놓는다.
② 숨을 들이쉬고, 내쉬면서 검지를 위, 아래로 마사지해준다.

면역력 강화시키는 호흡법

숨쉬기를 제대로 해도 천식, 비염과 같은 알레르기 질병을 완화시킬 수 있는데, 가장 대표적인 호흡법이 바로 복식 호흡법이다. 복식 호흡은 기관지를 튼튼하게 해줄 뿐만 아니라 정신을 맑게 해주고 집중력을 키워주는 데 좋은 효과가 있다.

◉ 누워서 배로 호흡해요

가슴으로 하는 호흡에 비해 배로 하는 호흡은 심장과 폐의 기능을 좋게 하고 자신감이 생기도록 해준다. 그러나 익숙해지기까지 시간이 걸리므로 처음에는 아이를 눕힌 상태에서 복식 호흡을 연습시킨다.

① 편안하게 누운 상태에서 한 손은 가슴에 올려놓고, 한 손은 배에 올려놓는다.
② 코로 숨을 들이 마시면서 배를 풍선처럼 크게 부풀리도록 한다.
③ 입을 통해 천천히 숨을 내쉬는데, 이때 배가 쏙 안쪽으로 들어가도록 한다.

☻ 앉아서 배로 호흡해요

누워서 복식 호흡하는 데 익숙해졌다면 아빠
다리를 하고 편안하게 앉은 상태에서 복식 호흡
을 연습한다.

① 편안하게 앉은 상태에서 두 손을 무릎 위에 살짝 얹어놓는다.
② 두 눈을 감고 코를 통해 숨을 들이 마시면서 배를 부풀린다.
② 다시 코를 통해 천천히 숨을 내쉬면서 배가 쏙 수축되도록
    한다.

엄마, 아빠와 함께하는 짝꿍 체조

'엄마가 비만이면 아이도 비만이다'라는 말이 있는 것처럼 '엄마가 운동을 하면 아이도 운동을 한다'는 말이 있다. 아이들은 그만큼 따라하기 선수들이라는 이야기인데, 아이들을 운동시키기 위해서는 엄마, 아빠의 모범이 절대적으로 필요하다.

그렇다면 저녁에 온가족이 모여 TV를 시청하기 보다는 매트를 깔아 놓고 운동을 해보는 것은 어떨까? 엄마, 아빠도 저녁마다 운동할 여유가 생기고, 아이도 쭉쭉 스트레칭을 통해 건강함을 챙기는 것은 물론 정서적으로도 안정이 된다. 특히 혼자서 하기 힘든 동작도 엄마, 아빠의 도움으로 훨씬 수월하게 시도해볼 수 있으며, 그만큼 재미와 흥미도 많이 느끼게 된다.

엄마와 아이의 짝꿍 운동

엄마와 마주보고 앉아서 척추를 곧게 펴주고, 손과 발을 쭉 늘려주는 동작을 해본다. 혼자서 손과 발을 쭉 뻗기 힘든 유아라도 엄마가 도와주면 바르게 동작을 취할 수 있다.

● **발바닥을 마주 대어요**

무릎이 구부러지지 않도록 충분히 편 상태에서 발바닥을 마주대면 다리의 근육이 튼튼해지고 다리뼈가 튼튼해져서 성장에 도움이 된다. 또한 척추를 곧게 펴주어 바른 자세를 유지하는 데도 도움이 된다.

① 엄마와 마주보고 발을 옆으로 벌린 상태에서 발바닥을 마주 댄다.
② 양손을 마주잡고 아이의 등이 구부러지도록 잡아당겨준다. 잠시 멈추었다가 다시 아이한테 엄마를 잡아당기도록 시킨다.

◉ 엄마와 함께 큰 나무를 만들어요

아이 혼자서 나무 자세를 만들면 균형을 잡기 힘들므로 엄마와 나란히 서서 나무 자세를 만들어 본다. 척추를 곧게 펴주고 팔과 다리를 쭉 펴줌으로써 성장을 도와주는 동작이다.

① 엄마와 나란히 붙어서 선 상태에서 안쪽 손으로 상대방의 허리를 감싸 안고 바깥쪽 다리를 들어 반대쪽 무릎에 올려놓는다.
② 바깥쪽 팔을 들어 올려 서로 머리 위쪽으로 마주잡으며 커다란 나무 모양을 만든다. 엄마는 아이의 키 높이를 생각해서 적당히 팔을 잡아당겨준다.

◉ 엄마와 등대고 앉아요

아이 혼자서 할 수 없는 동작을 엄마와 함께 함으로써 훨씬 재미있게 만들 수 있으며, 다리를 쭉 폄으로써 성장판을 자극하고 등을 곧게 펴주는 효과가 있다.

① 엄마와 아이가 등을 대고 바짝 앉는다. 먼저 아이가 체중으로 천천히 엄마의 등을 밀면서 누른다.
② 엄마는 살짝 일어나 아이가 바닥에 엎드릴 수 있도록 등을 눌러준다.

아빠와 아이의 짝꿍 운동

아빠의 튼튼한 팔은 아이가 매달리는 철봉이 될 수 있고, 아빠의 큰 발은 아이를 이동시키는 이동수단이 될 수도 있다. 아빠와 함께 재미있게 해 볼 수 있는 동작들을 알아보자.

◉ 시계추가 되어요

아빠가 아이를 들어 올려 시계의 추처럼 움직여주는 동작이다. 아이의 무릎을 자극해 성장을 도와주며 다리 근육을 튼튼하게 해준다. 무엇보다 아빠와 함께 즐기는 운동이기 때문에 아이가 무척 즐거워한다.

① 아빠가 양손으로 아이의 겨드랑이 사이에 팔을 끼운다. 아이의 양 발바닥을 붙이도록 하고 아빠의 양손으로 아이의 양발을 들어올린다.
② 시계추처럼 오른쪽, 왼쪽으로 아이를 움직여준다.

◉ 아빠 발등에 올라타요

아빠의 발등에 아이를 올려놓고 음악에 맞춰 움직여주는 동작이다. 아이의 팔과 다리를 스트레칭시켜 줌으로써 성장을 돕고 아이와의 스킨십으로 정서적으로 좋다.

① 아빠가 양손으로 아이의 양손을 잡고 아빠 발등에 아이 발을 올려놓는다.
② 아빠와 호흡을 맞춰 한발씩 움직인다.

◉ 아빠 팔에 매달리기

아빠의 튼튼한 팔에 아이가 매달리도록 하는 동작이다. 아이의 팔 근육을 튼튼하게 해주고 민첩성을 길러주는 효과가 있다.

① 아빠가 한쪽 팔을 ㄴ자 모양으로 구부리고 아이의 양손으로 매달리도록 한다.
② 집에 봉이 있으면 아빠가 양손으로 봉을 들고 있고, 아이에게 매달리도록 하여도 좋다.

부록

내 아이 건강 포트폴리오
어떻게 짜야 할까?

•• 여섯 살이 된 별이 엄마는 아이의 건강 스케줄을 똑똑하게 잘 관리하는 대표적인 케이스이다. 별이 엄마는 아기가 태어난 이후 여섯 살까지의 건강 스케줄을 스스로 작성하고 포트폴리오를 작성한 특별한 경우이다.

•• 전문적으로 의학을 공부하지 않은 사람이 건강 포트폴리오를 작성한다는 것이 이상해보이지만, 엄마가 조금만 관심을 기울인다면 그리 어렵지 않다. 사실 의사는 전문 지식이 풍부하다는 장점이 있지만 아이들의 평소 생활 습관이나 건강 상태를 세심하게 살펴볼 수 없다는 한계가 있다.

•• 모든 사람이 별이 엄마처럼 할 수는 없겠지만 몇 가지 커다란 카테고리를 정해 건강 포트폴리오를 작성한다면 우리 아이 건강은 스스로 챙길 수 있을 것이다. 엄마가 똑똑한 주치의가 되기 위해서는 우리 아이의 건강을 해치는 요소들이 무엇인지, 성장 상태는 어떠한지, 식습관은 어떠한지를 총체적으로 파악하여 건강 포트폴리오를 구성한다.

1단계 : 육아일기로 건강 점검하기

별이는 태어날 때부터 다음과 같이 정기검진, 성장, 알레르기, 비만 4가지 분야에 나누어 건강을 체크했다. 육아일기를 쓸 공책을 마련하고 4부분으로 나눠 꼼꼼하게 기록했다. 육아일기를 쓰면 좋은 이유는 자연스럽게 아이 일상을 관찰, 기록하게 되고 문제가 생겼을 때 원인을 쉽게 파악할 수 있기 때문이다.

육아일기를 쓸 때는 특별히 잘 쓰려고 하면 지속적으로 쓰기 어렵다. 따라서 한 줄이나 두 줄 정도로 간단하게 아이의 상태를 기록하고 간단한 소감을 덧붙이면 된다.

별이의 건강 포트폴리오 사례

기간	1세	2세	3세	4세	5세	6세
1개월		키, 몸무게 재기	키, 몸무게 재기	키, 몸무게 재기	키, 몸무게 재기	키, 몸무게 재기
2개월	첫청력검사		첫시력검사			
3개월						
4개월			종합건강검진			종합정기검진
5개월						
6개월		치아검사	치아검사	치아검사	치아검사	치아검사
7개월						
8개월						
9개월						
10개월						
11개월						
12개월	첫치아검사	치아검사	치아검사	치아검사	치아검사	치아검사

⊙ 치아, 청력, 시력, 정기 건강검진, 예방접종 체크하기

당장 치명적인 질병으로 아이를 고생시키는 것은 아니지만 어릴 때 미리 눈, 귀, 치아 건강을 챙겨보고, 종합 건강검진으로 다른 질병은 없는지, 정서적으로 신체적으로 고르게 성장하고 있는지 알아보았다.

- 치아 : 별이가 12개월이 되었을 때 이가 제대로 나고 있는지 확인하기 위해 처음으로 치과에 방문했다. 충치가 생기지 않도록 칫솔질에 신경을 쓰고, 6개월에 한 번씩은 치과에 방문하고 있다.

  일기 24개월, 치과에 다녀왔는데, 별이의 치아와 치아 사이에 음식물이 많이 낀다고 한다. 의사 선생님이 칫솔질만으로 음식물을 제거하기 어려우므로 치실을 사용할 것을 권했다.

- 청력 : 태어난 후 3개월 이내에 청력에 이상이 없는지 검사받을 것을 권해서 검사를 받았다. 평소에도 별이가 엄마가 부르는 소리에 잘 반응하는지 항상 살펴보고, 3세에 한 번, 6세에 다시 한 번 검사를 받았다.

  일기 8개월, 장난감 자동차를 이용해 별이가 소리에 반응하는지 알아보았다. 소리를 들으며 손뼉을 치며 좋아했다. good.

- 시력 : 별이가 3세가 되었을 때 안과에 가서 근시, 원시, 난시 등을 검사했다. 평소에도 별이 눈이 한쪽으로 모이는 사시가 아닌지 체크하는 한편 TV를 가까이서 보는지를 살펴보고 있다.

36개월, 별이가 TV에 재미를 붙여 앞에서 보려고 한다. TV를 없애거나 위치를 바꾸어 바른 자세로 시청하도록 해야겠다.

• 종합 건강검진 : 매년 정기검진을 받으면 좋다고 권하지만 그렇게 하지는 못하고 3세에 종합 건강검진을 받았다. 학교에 들어가기 전에 다시 한 번 받을 예정이다.

28개월, 종합 건강검진을 받았다. 별이에게 특별히 질병이 있는 것은 아니지만, 혹시라도 있을 질병을 예방하기 위해서이다. 검사를 받고나니 뭔가를 해결한 개운한 느낌.

• 예방접종 : 별이가 6세까지 맞아야할 예방접종 스케줄표를 냉장고에 붙여놓고 동그라미 표시를 하여 시기를 놓치지 않도록 하였다.

16개월, DTP 추가 접종을 맞혔다. 기특하게도 별로 울지 않고 한방에 끝났다. 오늘 저녁은 목욕을 시키지 말아야 하고, 혹시 열이 나는지 살펴봐야 한다.

◉ 성장 체크하기

키는 아이의 건강 상태를 살펴볼 수 있는 중요한 잣대. 따라서 또래 아이들에 비해 키가 작은지 항상 살펴보았다. 벽에 키재기판을 걸어놓고 수시로 성장 상태를 체크했다. 5세에는 성장판 검사를 통해 별이가 어느 정도까지 키가 클 수 있는지 알아보았다.

5세 3개월, 별이의 키를 재보았다. 키가 109cm로 3개월 전에 비해 1cm 더 자랐다. 친구들의 표준 키에 비해서는 1cm 정도 작은데, 한동안 잘 먹지 않더니 그 후유증인가 싶다. 좀 더 단백질과 칼슘이 풍부한 음식을 준비해 먹여야겠다.

◉ 알레르기 체크하기

아토피 피부염, 비염, 천식과 같은 알레르기 질환은 조금만 방심해도 나타날 수 있는 환경병이다. 그래서 항상 아이의 피부를 살펴 아토피 피부염이 나타나는지, 감기가 심해져 비염으로 전이되지는 않는지, 심하게 기침을 하는 천식은 아닌지 체크하였다. 또한 환경을 청결하게 하고 인스턴트 음식이나 가공식품을 먹이지 않도록 주의하고 있다.

`일기` 4세 4개월, 봄이 되니 황사가 심해지고 꽃가루가 많이 날린다. 가능하면 집 안에서 놀도록 하고 별이가 유치원에 갈 때는 꼭 마스크를 씌워야겠다.

◉ 비만 체크하기

수시로 별이가 또래 아이들에 비해 몸무게가 너무 적게 나가는 저체중은 아닌지 많이 나가는 과체중은 아닌지 몸무게를 체크하고 있다. 그래서 체중이 적게 나갈 때는 영양 상대가 부족한지를 살펴보고, 체중이 많이 나갈 때는 비만으로 가지 않도록 주의하고 있다.

`일기` 5세 7개월, 별이의 몸무게를 재보았다. 몸무게가 20kg으로 평균 체중에 비해 1kg 정도 많이 나간다. 겨울이라 활동을 많이 하지 않고 집 안에만 있어서 그런가. 오늘부터 별이와 손을 잡고 공원 산책을 해야겠다.

건강 포트폴리오를 구성할 때도 아이의 시기에 따라 어디에 중점을 두어야 할 것인가가 달라진다.

영유아기 충분한 영양 섭취를 통해 정상적으로 성장하는지를 알아본다. 키가 적당하게 성장하는지, 체중이 알맞게 늘고 있는지를 알아본다. 특히 분유를 끊고 이유식을 하는 단계이므로 신체와 뇌를 발달시키는 적절한 식사요법에 초점을 맞춘다. 이 시기에 반드시 맞아야 하는 예방접종도 잊지 말아야 한다.

유아기 식습관, 생활습관의 틀이 마련되는 시기이므로 적절한 식습관, 생활습관을 가질 수 있도록 주의한다. 언어능력과 지적능력이 성장하는 시기이므로 제대로 발달하고 있는지 발달장애 검사도 필요하다.

아동기 잘못된 식습관으로 비만이 생기기 쉽고, 영양부족으로 정상적인 성장을 이루지 못할 수도 있으므로 모두 체크한다. 또한 과도한 학업 스트레스로 인해 우울증과 같은 증상을 보이는지 항상 살펴봐야 한다.

2단계 : 우리 아이 생활습관, 식습관 테스트

질병에 따라 약간씩 체크해야 할 생활습관과 식습관이 다르지만, 기본적으로 아이의 건강을 해치는 생활습관과 식습관이라는 측면에서는 비슷하다.

별이 생활습관 & 식습관 테스트

1	아침을 먹지 않는다.
2	아무 때나 간식을 먹는다.
3	밥을 먹을 때 식탁에서 먹지 않고 옮겨 다니며 먹는다.
4	TV를 보면서 음식을 먹는다.
5	과자를 수시로 먹는다.
6	야채를 거의 먹지 않는다.
7	패스트푸드 음식을 일주일에 3번 이상 먹는다.
8	외식을 일주일에 2번 이상 한다.
9	우유를 거의 마시지 않는다.
10	TV를 하루에 1시간 이상 본다.
11	누워서 TV를 본다.
12	컴퓨터를 하루에 1시간 이상 한다.
13	잠자기 전에 이를 닦지 않을 때가 많다.
14	운동을 거의 하지 않는다.
15	주로 10시 이후에 잠을 잔다.

이와 같은 사항에서 '예'가 5가지 이상 나오면 전반적인 생활습관과 식습관이 좋지 않은 것이다. 별이는 아직까지 특별한 질병은 없지만 전체적으로 생활습관과 식습관이 좋지 않다는 판단이 들어 교정해주어야 한다.

 ## 3단계 : 문제점 분석하고 원칙 세우기

별이의 습관 중에서 문제가 있는 것으로 판단되는 부분을 체크했다면 어떻게 교정해나갈 것인지 구체적으로 목표를 정한다.

◉ 식습관 이렇게 고친다

별이의 식습관 문제는 전체적으로 불규칙하다는 것이다. 과자나 다른 간식을 자주 먹는 편이고 밥을 제때 먹지 않는다. 잘못하면 편식이 습관이 되고 영양 불균형을 초래할 수 있으므로 다음과 같이 고쳐야겠다.

규칙 아무 때나 간식을 먹는다. ⇒ 하루에 2번 오전 10시와 오후 3시에 먹인다.

◉ 생활습관 이렇게 고친다

다른 생활습관은 문제가 없는데 TV를 좋아하다보니 시청하는 시간이 길고, 보는 자세가 별로 좋지 않다.

규칙 TV를 하루에 1시간 이상 본다. ⇒ 하루에 30분만 보기로 약속한다.

◉ 운동습관 만들기

운동을 하지 않고 있었다면 별이가 재미를 붙이고 꾸준히 할 수 있는 운동 프로그램을 만들어주는 것이 좋다. 별이는 물놀이를 좋아하니까 일주일에 3번은 수영을 하고, 나머지 요일에는 엄마와 매일 산책을 하는 것도 좋다.

규칙 운동을 거의 하지 않는다. ⇒ 엄마와 매일 30분씩 산책을 한다.

 Dr Kim 클리닉 　건강한 아이를 만드는 엄마 10계명

일일이 생활습관과 식습관을 분석하지 않더라도 엄마가 우리 아이 건강을 위해 지키고 싶은 항목, 꼭 챙겨야 할 항목을 다음과 같이 기록하여 항상 기억하는 방법도 좋다.

1　똑똑한 아이에 집착하지 말자.
2　마음껏 밖에서 뛰어놀게 하자.
3　하루에 세끼 식사를 잊지 않고 먹인다.
4　정서적으로 안정될 수 있는 환경을 만들어준다.
5　식사할 때는 TV를 보지 않는다.
6　아이와 함께 즐겁게 이야기하며 운동을 하자.
7　외식을 하지 않고, 아이 음식은 직접 만들어 먹인다.
8　하루에 3번 이상 안아주고, 3번 이상 칭찬한다.
9　TV 시청 시간과 컴퓨터 게임 시간을 제한한다.
10　정기적으로 건강검진을 한다.

4단계 : 가족과 함께 실천하기

잘못된 습관을 체크한 후에 새로운 원칙을 만들었으면 실천하면 된다.
그런데 실천할 때는 너무 욕심을 부려 모두 한꺼번에 습관을 고치려고
하지 말고, 하나씩 천천히 고쳐나간다는 마음을 갖는 것이 중요하다. 특
히 인내심이 부족한 아이의 특성을 고려하고, 다른 무엇보다 사랑과 보
살핌이 먼저라는 것을 기억하자.

◉ 커다란 흐름을 잡아라

아이의 평생 건강의 밑거름을 만들어주는 것이 목적이다. 따라서 장
기적인 안목을 갖고 규칙을 지켜나가는 것이 좋다. 예를 들어, 원칙적으
로는 '아이에게 입을 맞추면 충치 균을 옮길 수 있으므로 주의한다'가
맞지만 그보다는 아이에게 엄마의 사랑을 적극적으로 표현하기 위해 입
을 맞추는 것이 더 좋을 수도 있다.

◉ 아이의 감정 상태를 고려한다

막무가내로 떼를 쓰는 아이에게 좋은 습관을 가르쳐주기란 쉽지 않
다. 부모의 무한한 인내심을 갖고 아이를 대해야 하고 설명을 해야 한다.
아이의 감정 상태를 고려하지 않고 명령하듯이 이야기를 해봤자 실랑이
하느라고 노력과 시간을 소모할 뿐 실제적인 성과를 기대하기 힘들다.

◉ 원칙을 잘 지키면 충분히 칭찬한다

하루에 TV를 30분씩만 보기로 약속했는데, 아이가 그 원칙을 잘 지켰다면 적극적으로 칭찬한다. 또한 과자를 먹지 않기로 약속했는데 그 약속을 잘 지켰다면 많이 칭찬해준다. 아이가 원칙을 지키지 않았을 때 혼내고 화를 내는 것보다 훨씬 효과적이다.

◉ 하나씩 실천한다

여러 가지 원칙을 세워놓고 스트레스를 팍팍 받는 것보다는 냉장고에 붙여놓고 하루에 한 가지는 반드시 실천하겠다는 마음을 갖는 것이 좋다. 습관은 하루아침에 고쳐지는 것이 아니기 때문에 오랜 시간 동안 노력을 해야 한다.

◉ 가족이 힘께 실천한다

나쁜 생활습관 식습관은 아이 혼자만의 문제가 아니다. 엄마, 아빠가 TV를 하루 종일 틀어놓고, 불규칙하게 식사를 하면서 아이에게 좋은 습관이 생기기를 바라는 것은 어불성설이다. 함께 생활하는 가족이 모두 힘을 합쳐 함께 해나간다는 생각으로 습관을 교정해나가야 한다.